Vermittlung Freier Improvisation

Urban Mäder, Thomas Meyer
und Marc Unternährer

Vermittlung Freier Improvisation

Ein Kompendium

wolke

Gefördert durch

Lucerne University of
Applied Sciences and Arts

HOCHSCHULE
LUZERN

Musik

FH Zentralschweiz

Erstausgabe 2019

Gesetzt in der Simoncini Garamond und der Helsinki
Druck: Beltz GmbH, Bad Langensalza
Titelentwurf: Friedwalt Donner, Alonissos
unter Verwendung einer Fotografie von Erdmute Blitz, Alonissos

www.wolke-verlag.de

ISBN 978-3-95593-049-3

Inhalt

Grußwort

Die Freie Improvisation zieht in Luzern ihre Kreise – stets umfangreicher werdende Jahresringe unterschiedlicher Dichte und Maserung, verbunden im Stamm.

Dabei ist gerade jetzt bei Dozierenden und Alumni, in der Forschung und bei aktuell Studierenden viel Momentum vorhanden: Eine Verästelung und Vernetzung mit zunehmender Tragkraft und Reichweite. Diese Schubkraft ist denjenigen zu verdanken, die hier sowohl künstlerisch wie pädagogisch Pionierarbeit geleistet haben. Sie haben mit visionären Angeboten dafür gesorgt, dass innovative Unterrichtsformen von der Peripherie aus die Mitte nähren und zum Glänzen bringen.

Dabei verstehen wir in Luzern Freie Improvisation nicht nur als Musik- und Interaktionsform, sondern auch als Hörschulung für all diejenigen, die Musik (welche Musik auch immer) gemeinsam aus dem Moment heraus empfinden und erklingen lassen wollen.

Mein großer Dank geht an die Verfasser dieser Arbeit, die über Jahrzehnte ihr ganzes Wissen und Können Kunst und Bildung (und deren Verbindung) gewidmet haben.

Eine nachhaltige Entwicklung braucht auch Unterstützerinnen und Unterstützer, die neue Wege in der Bildung ermöglichen und willkommen heißen – auch ihnen gebührt mein Dank.

Dieses Werk leistet einen wichtigen Beitrag zum Verständnis und zur Konkretisierung der Möglichkeiten Freier Improvisation. Wir freuen uns auf alles, was folgt.

Susanne Abbuehl, Hochschule Luzern – Musik
Leitung Institut Jazz und Volksmusik

Vorwort

„Improvisation ist ihre Vorbereitung“ (Burkhard Stangl)

Improvisieren ist eine alte Kulturtechnik. Allein wenn wir an die Musik denken und unsere Gedanken in die Geschichte und/oder hin zu verschiedenen Kulturen lenken, tauchen schier unzählige Beispiele vor dem inneren Ohr auf: Improvisation in diversen Volks- und Kunstmusiken der Welt, die Praxis des Extemporierens, Auszierungen von barocken Soli, Improvisieren von Kadenzen, das weite Feld des Jazz nicht zu vergessen. All diese Formen des Improvisierens haben ihre eigenen Varianten der Vermittlung. Traditionell wurde oder wird meist oral weitergegeben: mündliches Lernen vom Meister / von der Lehrerin zu den Schülern. Literatur wurde ebenfalls angefertigt – doch früher wohl eher im Bereich der «Klassik»: barocke Instrumentalschulen zum Beispiel, die heute noch dazu dienen, sich aus unserer Perspektive den Klangwelten von damals anzunähern. Volksmusik und Jazz, aber auch zahlreiche außereuropäische Kunstmusikformen wurden ohne Text vermittelt. Übers Hören, Nachspielen. Mal streng, mal locker. Allen gemeinsam ist jedoch eines: ein relativ klares, zuweilen gar strenges Regelwerk, das es zu erlernen und zu befolgen gilt. Hat man dieses internalisiert, so kann selbständig weiter entwickelt, davon abgewichen werden.

Aber ist es denn in sogenannter Freier Improvisation anders? Ja und nein. Denn es gibt weder ein mehr oder weniger starres Regelwerk noch ein strenges Meister-Schüler-Verhältnis. Das würde dem Phänomen des freien Improvisierens gar wunderbar widersprechen. Dennoch ist Vermittlung auch über Workshops oder Lehrer*innen möglich. Wenn eines immer wieder – wie im vorliegenden Kompendium – bedacht und mit-vermittelt wird: Ein Unterricht, eine Anleitung zum freien Improvisieren kann, soll und will nie Rezepte vermitteln, sondern Übungen, die die Hörwahrnehmung schärfen, die Reaktion schulen und dergleichen. Immer geht es im Anschluss darum, all diese Etüden wieder hinter sich zu lassen, das Gelernte zu internalisieren und in völlig anderem Kontext anzuwenden. Auch zur Erarbeitung einer Beethoven-Sonate bedarf es Übungen, Etüden – vorbereitend. Die Interpretation schließlich soll im Idealfall eigenständig sein. Das Geübte dient als Hilfsmittel ebenso wie eventuelle Kenntnis anderer Interpretationen. Für Bach, Beethoven oder Lachenmann gilt hierin Ähnliches wie für das freie Improvisieren. Kopien von Interpretationen sind schön und gut, aber eigenständig schlüssige Interpretationen gelten als höhere Kunst. Im Jazz verhält es sich ähnlich. Mithin: Gute Musikhandwerker*innen finden sich ebenso wie hervorragende Künstler*innen überall – ob in Jazz, Popularmusik, der Klassik oder eben auch der sogenannten Freien Improvisation. Womit wir bei unterschiedlichen Zielen der Vermittlung des freien Improvisierens wären. Kindern, Jugendlichen und erwachsenen Laien kann man über Workshops Ohren öffnen, sie neugierig machen, sie anleiten, Ungewohntes auszuprobieren, zunächst fremde Klangwelten als Musik zu erkennen und sie differenziert wahrzunehmen. Hier steht weniger das künstlerische Gestalten denn das eigene Erfahren und Erleben mit einer im Nachhinein erweiterten Hörerfahrung (und nicht zuletzt auch Hörakzeptanz) im Zentrum. Diese wichtigste Grunderfahrung ist selbstverständlich auch Ziel einer jeden universitären Vermittlung Freier Improvisation: Studierende der Klassik, des Jazz & der Popularmusik in die Klangwelten des freien Improvisierens einzuführen – zu einer Musik ohne vorab fixierte Partitur oder Absprachen und mehr oder weniger ohne klare Idiomatik. Non-idiomatische Musik hatte Derek Bailey die Freie Improvisation einmal genannt. Dieser Begriff – auch das ist nichts Neues, sei hier jedoch noch einmal in Erinnerung gerufen – ist genau genommen ungenau. Gemeint war in den Anfangszeiten vor allem eine Musik, die sich nicht in gängigen, damals bekannten Idiomatiken fassen ließ. Dass sich in den vergangenen Jahrzehnten durchaus auch in der sogenannten Freien Improvisation Idiomatiken oder stilistische Ausprägungen entwickelt haben, ist Fakt. Ebenso wie man Freiheit immer nur als «frei von» denken kann und niemals absolut. Wie schon das Improvisationskollektiv New Phonic Art Anfang der 1970er Jahre feststellte, dass sich ihre Prämisse, bloß das zu spielen, was sie wirklich noch nie gespielt hatten, nur eine gewisse Zeit lang aufrecht halten ließ.

Frei zu sein von bekannten und tradierten Gestaltungsmitteln in der Musik: Das war die Prämisse der Pionierinnen und Pioniere sogenannter Freier Improvisation seit den 1960er Jahren. Seither hat sich diese Musik, die wesentliche Impulse vom Free Jazz einerseits, der komponierten zeitgenössischen Musik andererseits, aber auch anderen Musikformen, fernöstlicher Philosophie und nicht zu vergessen, der Bildenden Kunst, erfahren hat, seither hat sich diese Musik in schier unzählige Spielformen und ästhetische Ansätze ausdifferenziert. Ein Fokus auf Prozessorientiertheit ist den meisten ihrer Protagonist*innen gemeinsam. Musik, die sich ohne Vorabsprachen im Hier & Jetzt entwickelt, kann nur dann entstehen, wenn ihre Gestalterinnen und Gestalter im Moment Entscheidungen treffen – egal, ob sie erstmals zusammen spielen oder im langjährig eingespielten und ein eigenes Spielidiom entwickelt habenden Team.

Unzählige Anregungen für die Vermittlung sogenannter Freier Improvisation und Anstöße zur eigenen Reflexion der verschiedensten Gestaltungsweisen finden sich auf den folgenden rund hundert Seiten: Grundlagen fürs Prozessdenken in Echtzeit erlernen, sich stets selbst zu überraschen suchen, wagen, irritieren und irritieren lassen. Hören, analysieren, während des Spielens in Echtzeit und im Nachhinein. Suchen, erneut suchen, weiter suchen, nie aufhören zu suchen. Ändern, variieren, kontrastieren, anderes wagen. Auch scheitern (in all seinen vielen Facetten und Definitionen). Suchen lernen.

Nina Polaschegg, Musikwissenschaftlerin, Musikjournalistin und Kontrabassistin

EINLEITUNG

Freie Improvisation[1], welch wunderbares Versprechen! Im Grunde gibt es doch nichts Anderes: in der Musik, im Alltag, im Leben, wann und wo auch immer. Wenn es um Forschung und die Vermittlung der Freien Improvisation geht, wird es jedoch komplizierter und komplexer: Wieviel Freiheit ist beim Improvisieren tatsächlich möglich – und lässt sich denn dieses Frei-Sein überhaupt vermitteln?

Improvisation und insbesondere Freie Improvisation, also das gemeinsame Kreieren ohne jegliche vorbereitende Vereinbarung, stellt eine besondere Herausforderung dar. Vor rund sechs Jahrzehnten als Gegenentwurf aus einer Epoche hervorgegangen, als sich die syntaktischen und stilistischen Bindungen in der avancierten Musik weitgehend gelöst hatten und dadurch ein freies Ensemblespiel möglich wurde, fokussiert sie nicht nur auf musikalische, sondern auch auf interaktive und reflexive Aspekte. Das freie, in jedem Moment modulierbare, je eigenständige und doch übereinkommende Zusammenwirken mehrerer Individuen wird in keiner anderen musikalischen Form mit solcher Konsequenz durchgeführt.[2]

Auch wenn Freie Improvisation dadurch noch immer eine radikale, also an die Wurzeln reichende Position in unserem Musikleben darstellt, so ist sie darin doch zu einem ernst zu nehmenden Faktor geworden. Mehr und mehr ist sie in den Curricula und Forschungsprogrammen von Hochschulen und Universitäten präsent. Exponent*innen der nationalen und internationalen Improvisationsszene begannen in den 80er Jahren an den Instituten zu lehren, was der Freien Improvisation ein sicheres Fundament verschaffte. In gewisser Weise ist die Vermittlung Freier Improvisation auch ein bildungsvisionäres Projekt von gesellschaftspolitischer Brisanz, denn die extreme Konzeption dieser Musikform mit ihrer Offenheit und Freiheit und ihrer Verantwortungs- und Vertrauensbereitschaft schlägt sich auch in ihrer Ver-

1 Der Begriff «Freie Improvisation» ist nicht unumstritten (was heißt es genau, «frei» zu improvisieren und wie wird diese «Freiheit» definiert?), momentan jedoch immer noch der gebräuchlichste unter vielen anderen, wie «Instant Composing», «Creative Music», «Free Music», Non-idiomatische, nicht-gebundene oder spontane Improvisation, etc. Alle diese Ausdrücke stehen zum Teil für eine bestimmte musikalische Ästhetik. Der Schlagzeuger Paul Lytton schlägt im Gespräch den Begriff «freely improvised music» vor, der im Englischen ausdrücklich den Prozess betont, sich im Deutschen jedoch nicht so einfach übertragen lässt. Wir übernehmen also in dieser Arbeit den historisch gewachsenen und weitläufig gebräuchlichen Begriff «Freie Improvisation» in der Großschreibung, meinen damit aber ausdrücklich nicht einen Musikstil, sondern eine Methode zur Generierung von Musik.

2 «Wenn Musik geschieht, herrscht Unberechenbarkeit. Dann weckt, überrascht, provoziert, bezaubert, überwältigt sie. Dieses musikalische Geschehen kann besonders entstehen, wenn das Wahrnehmen und Gestalten im undefinierten Raum der Improvisation möglich wird. Dann geht es um die unmittelbare Lust, den Ernst und das Wagnis des Spielens und Hörens, des Erprobens, des Simulierens und des spielerischen Verwandelns. Kreativität schafft Identifikation durch Wahrnehmen und Gestalten.» Hentig (2000).

mittlung selber nieder, deren Ziel es eigentlich gleichsam sein muss, die Vermittlung zu überwinden und auf ein offenes Feld mit lauter Gleichberechtigen vorzustoßen.

Sie öffnet den Blick, und von da her lässt sich durchaus behaupten, dass sie in nächster Zukunft mit ihrem radikalen Ansatz wichtiger werden wird und auch wichtiger werden muss. In verschiedenen Kunstbereichen nämlich fällt in jüngster Zeit eine steigende Präsenz von Improvisation auf – im zeitgenössischen Theater, in Tanz und Performance. In der Neuen Musik zeigt sich diese Tendenz ebenfalls. Insgesamt jedoch ist die Musikindustrie nach wie vor klar von Tradition und Konvention dominiert, etwa im klassischen Großereignis des Sinfoniekonzerts oder in Jazz- und Popevents mit ihren «Alt-Stars». Das vergangene halbe Jahrhundert hat jedoch viele gesellschaftliche, kulturelle und politische Wandlungen gebracht, was beste Voraussetzung böte, offener und unbekümmerter mit neuen Formen von Musik umzugehen. Es gibt zahlreiche Formationen, die in Konzerten frei improvisieren und sich auch nicht scheuen, ganz undogmatisch freies Improvisieren mit allen möglichen Stilrichtungen zu kombinieren. Es gibt da und dort Festivals, die von sich reden machen. Diese Kultur ist zwar nach wie vor klein, aber äußerst lebendig. Es wird gekämpft um Resonanz, um Kulturgelder, um breitere Anerkennung. Da braucht es schlichtweg die innere Überzeugung dranzubleiben. Es ist letztlich auch diese Überzeugung, die die Kraft der Freien Improvisation ausmacht.

Gleichzeitig haben sich dabei Erfahrungen angesammelt, die es einer jüngeren Generation weiterzugeben gilt. Die Vermittlung von Improvisation in der Musikpädagogik ist denn auch seit längerer Zeit mehr als überfällig. «Eigenkreativität», «Lernen durch Selbstfindung», «Entwicklung von Eigenverantwortung» sind Begriffe, die im Bildungsbereich selbstverständlich geworden sind – in sozusagen allen Schulfächern. So wie im klassischen Konzertbetrieb der Reproduktion von Musikgeschichte nach wie vor am meisten Aufmerksamkeit geschenkt wird, so tut sich die Musikpädagogik immer wieder schwer, das Eigenschöpferische als wichtige Ergänzung zum gängigen Repertoire zu thematisieren. Modelle und Vermittlungskonzepte, die sich mit Improvisation befassen, gehören nach wie vor zum innovativen didaktischen Material. Dabei fällt doch auf, wie sehr und gern Kinder und Jugendliche hier mit von der Partie sind: Sie ziehen mit, wenn Pädagog*innen den kreativen Prozess im Sinne eines eigenen Erfindens anzetteln und dies vor allem in überzeugender Form tun. Das aber wird nur möglich, wenn das Improvisieren in der musikpädagogischen Ausbildung eine selbstverständliche Position einnimmt.[3]

An den meisten Musikhochschulen der Schweiz ist Improvisation Teil des Curriculums. Die Hochschule Luzern Musik (HSLU – Musik) hat seit Ende der 80er Jahre einen Schwerpunkt Improvisation, im speziellen «Freie Improvisation», gesetzt. 2005, mit der Zusammenführung der ursprünglichen Teilschulen Klassik, Jazz

---

3 Es erschreckt ja, wie wenig Musikstudierende mit Improvisation in ihrem eigenen Instrumentalunterricht von Kind an in Berührung gekommen sind, obwohl der Musikunterricht sich dafür geradezu aufdrängt. Die Vermittlung der Freien Improvisation soll die Studierenden, die pädagogisch tätig sind (oder es sein werden), dazu anregen, Improvisation im Unterricht selbstverständlich anzuwenden.

und Kirchenmusik auf die Bologna-Reform hin, hat man gemeinsam entschieden, die Freie Gruppen-Improvisation als Pflichtsemester ins Curriculum des Bachelors zu setzen. Der regelmäßige Austausch unter den beteiligten Dozierenden (damals Dieter Ammann, Christoph Baumann, Christy Doran, Urban Mäder, Thomas K.J. Mejer, Lauren Newton und Marc Unternährer[4]) führte bald zur Erkenntnis, dass zwar alle auf sehr individuelle Weise unterrichten, dass sich dabei jedoch erstaunlich viele Gemeinsamkeiten im methodischen Vorgehen finden. Aus dieser Überlegung entstand das 2013 veröffentliche Papier «Freie Improvisation: Möglichkeiten und Grenzen der Vermittlung«.[5] Dieser Text schuf als Standortbestimmung die Grundlage für die hier vorliegende Forschungsarbeit. Diese richtet sich an Musikpädagog*innen innerhalb, aber auch außerhalb der Musikhochschulen, an Unterrichtende für Kinder und Jugendliche, ebenso an Studierende und Forschende sowie interessierte Laien. Sie ist aus der Praxis geboren und nicht von einer (übrigens kaum existierenden) Theorie der Freien Improvisation abgeleitet.

Der inzwischen großen praktischen Erfahrung der Dozierenden und Studierenden steht nämlich eine nach wie vor geringe Zahl von Publikationen zu diesem Thema gegenüber. Bisher sind im musikdidaktischen Bereich fast ausschließlich Publikationen zum Einbezug von Improvisation in den Instrumental- oder Klassenunterricht mit Kindern und Jugendlichen erschienen, jedoch nicht zur Arbeit mit Studierenden mit einem hohen instrumentaltechnischen Niveau und einem weiter entwickelten ästhetischen Bewusstsein. Die Vermittlung der Freien Improvisation in diesem Bereich stellt jedoch spezielle Ansprüche und führt zu anderen Fragen und Methoden. Das hier vorliegende Buch mit einem umfassenden Kompendium zur Vermittlung Freier Improvisation soll einen Beitrag dazu leisten, diese Publikationslücke zu schließen. Es ist thematisch aufgegliedert. Nach einem grundlegenden Kapitel über die Vermittlungsarbeit, in dem wir Charakteristika der Freien Improvisation sowie Lernziele und Vermittlungskompetenzen skizzieren, beleuchten wir die unterschiedlichen Aspekte der Interaktion, der musikalischen Gestaltung und der Reflexion anhand zahlreicher Ansagen und Übungen. Dies in einer gezwungenermaßen «künstlichen» Aufteilung, denn diese verschiedenen Bereiche fließen in der Freien Improvisation ständig ineinander über; dennoch schien es uns unumgänglich, die Vermittlung möglichst strukturiert darzustellen. Im Kapitel «Interaktionsaspekte» geht es um Wahrnehmung, Kommunikation und Verhaltensweisen im Zusammenspiel. Die «musikalischen Aspekte» fokussieren auf die Entwicklung der instrumentalen Möglichkeiten sowie auf den Umgang mit Material, Form und Stil. Und in den «Reflexionsaspekten» werden Fragen der Meinungsäußerung, der

---

4 Aktuell – Herbst 2019 – unterrichten an der HSLU – Musik: Gerry Hemingway, Urban Mäder, Magda Mayas, Thomas K.J. Mejer, Hans-Peter Pfammatter, Jan Schlegel, Marc Unternährer und Christian Weber.

5 Aus dieser Arbeit von Christoph Baumann, Urban Mäder und Thomas Meyer sind gewisse Abschnitte in dieses neue Buch übernommen worden, ohne dass wir sie jeweils eigens gekennzeichnet hätten. Ebenso flossen Teile eines Aufsatzes ein, den Urban Mäder für den Sammelband von Reinhard Gagel und Matthias Schwabe (2016) schrieb.

Wahrnehmungsperspektiven, der Befindlichkeit und der ästhetischen Reife besprochen, wie sie im Gespräch während des Unterrichts immer wieder auftauchen. Einzelne Gesichtspunkte und Methoden, die sich nicht eindeutig einordnen ließen, haben wir in Kästen gesondert dargelegt. So entsteht dank den Querverweisen zu anderen Kapiteln und zu den Kästen ein vielfältiges Netz von Beziehungen.

Peter Niklas Wilson forderte 1999 in seinem Buch *Hear and Now*, es wäre nur angemessen, «[...] wenn die veränderten Prämissen musikalischer Produktion zum Anlass des Nachdenkens über neue Deutungsmodelle für eine neue, andere Musik würden».[6] Damit meinte er die Musikwissenschaft. Gerade die Freie Improvisation böte Ansatzpunkte für ein solches Nachdenken und Neudeuten. Und so müsste diese Forderung denn auch die Musiker*innen, die Veranstalter*innen, die Hörer*innen und die Kritiker*innen ansprechen. Gut und recht, wenn man alle künstlerischen und kulturpolitischen Hebel in Bewegung setzt, um mehr Raum zu bekommen, aber es wäre an der Zeit, diese Möglichkeiten grundsätzlich anders zu denken und sich bewusst zu werden, dass die Freie Improvisation in Gruppen ein radikal anderer musikalischer Produktionsprozess ist. Hier findet sich einerseits eine sonst nicht übliche kollektive Autorenschaft; andererseits wird jegliche musikalische Gestaltung im unmittelbaren Spiel entschieden. Darin steckt nicht nur eine künstlerische, sondern ebenso eine soziointeraktive Brisanz, die man nicht hoch genug einschätzen kann. Ist es richtig, dass wir diese Musik nach wie vor nach ähnlichen Kriterien beurteilen wie den Großteil jener, die wir heute im Konzertsaal und in allen Medien hören und die unter den uns bekannten, aber völlig andersartigen Produktionsbedingungen entsteht? Diese Beurteilung findet bei allen oben genannten Beteiligten statt und prägt die Rezeption und die kulturpolitische Einschätzung wesentlich. Müsste nicht gefragt werden, wo eigentlich diese andere Musik stattfinden soll? In welcher Szene oder in welchem Umfeld erhält sie eine ihrer visionären Haltung entsprechende Resonanz?

Die Auseinandersetzung der angehenden Musiker*innen und Musikpädagog*innen im Rahmen der Arbeit mit Freier Improvisation führt in auffällig reger Form zu solchen Fragen. Wie wir im Folgenden näher ausführen werden, hat sich in den letzten zwei Jahrzehnten einiges verändert: Abgänger*innen einer Hochschule haben deutlich weniger Stellenchancen, sei es im künstlerischen, sei es im pädagogischen Bereich. Sie müssen in der Lage sein, besondere Schwerpunkte anzubieten. Sie müssen Flexibilität und Offenheit entwickeln. Sie müssen sich in Bereichen umschauen, wo die Anwendung von neuen Erfahrungen mit Musik, dem Kreieren, Vernetzen und Vermitteln zum Tragen kommen kann. Das alles ist Zeichen dafür, dass die Improvisationsangebote nicht nur dem Nachwuchs der Improvisationsszene dienen, sondern in gleichem Maße bereichernder Beitrag zur theoretischen und praktischen Arbeit mit Musik sein können – egal in welcher Studienrichtung.

---

6 Wilson, Peter Niklas (1999), S. 55.

VERMITTLUNGSARBEIT

Lernziele

Das Berufsbild der Musikerin bzw. des Musikers hat sich in den letzten Jahrzehnten deutlich gewandelt. Vorbei sind die Zeiten, als hochspezialisierte Instrumentalist*innen auf eine sichere Stelle in einem Orchester oder an einer Musikschule hoffen durften. Diese Positionen sind rar geworden, was die Ausbildung an einer Musikhochschule beeinflusst. Flexibilität und Kreativität sind gefragt, man muss sich nach einer Nische umsehen oder diese selber schaffen. Es überleben die Musiker*innen, die sich – ähnlich wie in früheren Zeiten (Renaissance, Barock) – breit anbieten können, zum Beispiel die Anweisungen einer Pop-Produzentin im Studio oder eines Theaterregisseurs zu einer spontanen musikalischen Skizze umsetzen oder eigene Projekte mit Laien entwickeln können. Dazu bietet die Improvisation als Methode eine ideale Grundlage.[7]

Die frei improvisierte Musik enthält neben dem Wunsch nach neuen Erfahrungen und einer alle Konventionen und Bindungen sprengenden Ästhetik auch die Möglichkeit, auf eine grundsätzliche und radikale Weise die künstlerische Existenz zu reflektieren. Improvisieren heißt, in jedem Moment, basierend auf dem Gehörten, künstlerische Entscheide zu fällen. Deshalb sollen insbesondere die musikalische Wahrnehmung und die Orientierung geschult werden. Neugier und Offenheit helfen uns dabei, in der Reflexion zentrale Erkenntnisse nicht nur über den Gegenstand Musik, sondern auch über unser Selbst als Musiker*in zu gewinnen. Wie sind wir durch unsere Hörgewohnheiten geprägt? Wie kommt eine Gruppe eigenständiger und gleichberechtigter Musiker*innen mit Hilfe von Improvisation zu einem gemeinsamen musikalischen Ausdruck?

Ziel des Unterrichts ist es, dass die Studierenden zu einer spontanen musikalischen Äußerung fähig sind und sich mit dieser zu Anderen in Beziehung setzen können. Sie treten also in einen offenen Raum musikalischer Kommunikation, in dem ein prozesshaftes und kollektives Schaffen musikalischer Qualitäten aus dem Moment heraus möglich ist. Damit verbunden ist ein gutes Aufnahme- und Reakti-

7 Lilli Friedemann (1973) schreibt bereits: «Wir nehmen im Musikunterricht mehr und mehr Abstand von einem leistungsbetonten, nicht selten gedankenlosen Musizieren nach Vorlage und Dirigent. Man versucht heute, diese Form von außen gelenkter Aktivität zu ersetzen durch kognitive Lernvorgänge aller Art: Akustik, Musiktheorie, Harmonie- und Formenlehre, Analysen alter und neuer Musik, Experimente mit dem Schall, Besinnung über Musik und Gesellschaft u.a.; hierin ist das Musizieren selbst kaum enthalten. Es gibt jedoch seit Urbeginn der Musik eine Musizierform, die nicht mit Gedankenlosigkeit, Dressur, Vorlage und Dirigat verbunden sein muss: die Improvisation.»

onsvermögen, also eine verbesserte Wahrnehmung und Entscheidungsfähigkeit, die Schulung der musikalischen Orientierung (im Zeitverlauf, klanglich und funktional in der Gruppe) sowie ein qualifiziertes Sprechen über Musik mit der Fähigkeit zu kritisieren und kritisiert zu werden. Ein weiteres Ziel ist es, die Studierenden mit den wichtigsten ästhetischen Strömungen und Stilen der Improvisation vertraut zu machen.

An der HSLU – Musik wurden folgende Lernziele für die Kurse Freier Improvisation formuliert:

- Die Studierenden haben ihre Wahrnehmungsfähigkeit gesteigert.
- Sie sind in der Lage, musikalische Prozesse zu steuern und zu gestalten.
- Ihre Fähigkeit, Verantwortung für das eigene musikalische Tun zu übernehmen, ist weiterentwickelt.
- Sie verfügen über ein Repertoire von Materialien und Spielstrategien.
- Sie erleben eine Erhöhung der Konzentration und Wachheit.
- Sie verstehen Offenheit als (Spiel-)Haltung und haben ihre Kommunikationsfähigkeit gesteigert.
- Die höranalytische Kompetenz sowie der Zugang zu neuer und zeitgenössischer Musik werden erweitert.
- Die Erfahrung mit Freier Improvisation hat direkte Auswirkung auf das Spielverhalten im Jazz und in der klassischen Kammermusik.
- Die Studierenden können Qualität erkennen und benennen und sind sich des Konflikts zwischen persönlichen Präferenzen und «objektivierbarer» Qualität in der Beurteilung von musikalischen Klangresultaten bewusst.

An der HSLU – Musik steht uns ein Semester mit insgesamt 24 Unterrichtsstunden zur Verfügung, um diesen Prozess nachhaltig weiterzuführen.

Freiheit und ethische Metaphern

Freiheit erscheint auf den ersten Blick als das Erstrebenswerteste im Leben. Philosophisch betrachtet ist es allerdings fraglich, ob sie überhaupt existiert oder (in ihrer radikalsten Form) auch nur wünschenswert ist. Strukturen können Freiraum schaffen, viele brauchen Leitplanken, um sich frei zu fühlen. Zudem ist man gefangen in inneren Zwängen und Klischees, von denen man sich vielleicht befreien möchte, die aber als Routine oder Ritual auch Halt geben. Oft wird die eigene Freiheit definiert bis zu dem Punkt, an dem sie diejenige eines anderen Menschen einzuschränken beginnt. Individuelle Freiheit betrifft also immer auch die der anderen, setzt somit Verantwortung voraus und wird zu einem sozial verhandelbaren Wert.

Politische Systeme behandeln diese individuelle Freiheit auf gesellschaftsorganisierender Ebene unterschiedlich. Die (ideellen, nicht real-politischen) Systeme

Sozialismus, Anarchismus und Demokratie werden oft als Modelle für die musikalische Gruppenorganisation herbeigezogen.[8] Natürlich lassen sich auch diese nur bedingt in die Praxis übertragen. Und es sind eher ethische als politische Gesichtspunkte, die hier in den Vordergrund treten. Cornelius Cardew hat denn auch in seinem wegweisenden Text *Towards an Ethic of Improvisation*[9] weniger von musikalischen Qualitäten als von gesellschaftlichen «Tugenden» [«Virtues»] gesprochen, also gewissermaßen von einer Haltung. Sie geht von einer Gleichberechtigung aller Beteiligten im Kollektiv aus, bei der jeder freiwillig eine Rolle oder eine Position einnehmen kann bzw. sie ihm von den anderen zugestanden wird. Es geht nicht um Nivellierung. Eine Musik, in der nie jemand sich oder andere hierarchisch hervorhebt, würde sich selber um viele Möglichkeiten beschneiden. So werden eigene Interessen bisweilen freiwillig zurückgenommen, um anderen den Vortritt (zum Beispiel für ein Solo) zu lassen, oder es nimmt sich jemand den Raum auf Kosten der anderen. Das sind legitime Gestaltungsmittel, problematisch wird es erst, wenn dies immer gleich und von den gleichen Leuten ausgehend geschieht und zum Muster einer Gruppe wird. Hierarchien (etwa in der Instrumentierung) werden sich zumindest zeitweise bilden, sollen aber flexibel bleiben und jederzeit verändert werden können. Einzelne Spieler*innen können die Musik mit einem Impuls stark beeinflussen, aber gewisse musikalische Ereignisse, wie zum Beispiel eine Generalpause oder die Schlussfindung, benötigen das Einverständnis aller. Knapp formuliert: «Die Musik bestimmt»; dies führt zeitweise zu einer (freiwilligen, autonomen) Aufgabe bzw. Einschränkung der Freiheit einer sich unterordnenden Teilgruppe oder aller Beteiligten – je nach ästhetischer Ausrichtung. In der Beurteilung ist also zu unterscheiden zwischen der interaktiven Gleichberechtigung der Musiker*innen im Gestaltungsprozess und dem musikalischen Endergebnis, das sehr hierarchisch geformt ausfallen kann.

Selbstredend ist die Freiheit des Individuums in einer Improvisation mit diesen Beschränkungen immer noch deutlich höher als etwa in der Hierarchie eines Sinfonieorchesters. Das vorwiegend in der klassischen Musik herrschende Machtgefälle von Komponist*in – Dirigent*in – ausführende Musiker*innen (geschweige denn innerhalb eines Orchesters) spiegelt ein anderes Weltbild wider als die ursprünglich durchaus explizit politisch gedachten Errungenschaften der Freien Improvisation. Umgekehrt wurde gelegentlich die angebliche Beliebigkeit der Freien Improvisation kritisiert, eine Gefahr, die tatsächlich besteht, denn die Freiheit erfordert wie oben beschrieben auch eine große Disziplin, damit die vielen Köche den Brei nicht verderben. So hat jede Methode ihre Möglichkeiten und Schwierigkeiten. Wichtig ist deshalb festzustellen: Unterschiedliche Methoden führen zu unterschiedlichen Ergebnissen und sollen der künstlerischen Intention angemessen sein.

---

8 Vgl. zum Beispiel die Guerilla-Strategien in John Zorns Spielstücken *Cobra*.

9 Cardew (1971). Ebenso in: Prévost (2006): S. 125–133. Auch abrufbar auf: http://www.ubu.com/papers/cardew_ethics.html (20.7.2019).

Eine freie Improvisation ist also – um Hölderlins *Hyperion* zu zitieren – ein «Einklang freier Wesen»[10], die sich zur gemeinsamen Gestaltung entschließen, ohne den individuellen Willen aufzugeben. Es gilt dabei nicht, den größten gemeinsamen Nenner zu finden, sondern die kreative Kraft der einzelnen Individuen zu potenzieren. Insofern stellt eine Gruppenimprovisation tatsächlich eine selten vorkommende Form der spontanen Gruppenorganisation dar. Anders als in einem Sport-Team sind die Funktionen nicht von Anfang an klar verteilt, es gibt keine erkennbare Leitung, alle sind gleichberechtigt, selbstbestimmt und bringen sich pluralistisch selber ein ins Kollektiv. Frei zu improvisieren ist nicht nur in totalitären Systemen auch heute noch ein politischer Akt, denn die Methode selbst erscheint subversiv. Ganz allgemein betrachtet erscheint sie in unserer Zeit als eine im Labor des künstlerischen Ausdrucks wahrgewordene Gesellschaftsutopie.

Ästhetik...

Was ist gute Improvisation? Diese Frage ist eine der größten Herausforderungen im Unterricht Freier Improvisation, denn häufig geht mit den ersten improvisatorischen Schritten der Studierenden eine neue ästhetische Erfahrung einher, die für diese erst einmal schwierig einzuordnen ist. Wer zum Beispiel in Hörgewohnheiten gefangen ist, die einer pulsorientierten Musik in Funktionsharmonik entstammen, wird eine klanglich orientierte Musik ohne Puls als befremdlich empfinden. Die Beurteilung improvisierter Musik ist außerdem zunächst stark von Erfahrungen mit Kompositionen geprägt.

Für eine dozierende Person ist es deshalb wichtig, diese ästhetische Palette zu erweitern, jedoch ohne die eigenen Vorlieben den Studierenden aufzudrängen, sondern vielmehr deren eigene ergebnisoffene Forschungsarbeit und eine damit verbundene Entwicklung ästhetischer Vorstellungen anzustoßen. Dabei gilt es einerseits, auf Qualitäten hinzuweisen, die vielleicht im Moment nicht als solche wahrgenommen werden, andererseits nicht in die Falle zu tappen, dass eine Gruppe nur noch so spielt, wie es dem Geschmack der dozierenden Person (oder was dafürgehalten wird) entspricht. Stattdessen werden neue Qualitäten in einer zunächst fremdartig erscheinenden Musik entdeckt.

Schnell gelangt man dabei zu den großen Fragen: Was ist Melodie, und was ist eigentlich Musik? Was kann Musik? Sicher mehr, als sich dem Schönklang ergeben. Ist «Schönheit» musikalisch nur mit Terzen und Sexten umsetzbar? Was muss sie

---

10 Hölderlin, Friedrich (1797/99). *Hyperion oder Der Eremit in Griechenland*, Kap. 61: «Was wär auch, fuhr er fort, was wär auch diese Welt, wenn sie nicht wär ein Einklang freier Wesen? wenn nicht aus eignem frohem Triebe die Lebendigen von Anbeginn in ihr zusammenwirkten in Ein vollstimmig Leben, wie hölzern wäre sie, wie kalt? welch herzlos Machwerk wäre sie?»

überhaupt leisten? Kann sie nicht einfach nur sein?[11] Was ist zeitgemäße Musik? Haben die Geräusche der Stadt nicht mehr mit unserem modernen Menschsein zu tun als konsonante und dissonante Intervalle? Wie hat sich die Vorstellung davon, was konsonant und dissonant sei, in der Musikgeschichte verändert? Wieso wird geräuschhafte Musik als abstrakt tituliert, wo Geräusche doch eigentlich viel konkreter und unserem Alltag näher sind? Ist Beethovens Musik eigentlich nicht «abstrakter», AMM nicht «naturalistischer»? Welche Funktion soll Musik erfüllen, darf sie auch stören? Muss sie überhaupt bestimmte Emotionen hervorrufen? Erfreuen wir uns an musikalischen Überraschungsmomenten oder kuscheln wir uns im Wohlklang ein? Die Diskussion darüber, auch mit Hilfe von Hörbeispielen, ist oftmals sehr ergiebig und für alle Beteiligten herausfordernd.

Wertvoll sind dabei Querverweise auf andere künstlerische Bereiche – etwa auf die bildende Kunst: Was unterscheidet zum Beispiel eine realistische Darstellung von einer Abstraktion? Lassen sich die Farbflächen Mark Rothkos mit Morton Feldmans Stücken vergleichen? Kann auf diese Weise improvisiert werden? So lassen sich ästhetische Vorlieben weiterentwickeln. Mit mehr Kenntnis und Erfahrung finden wir Gefallen an anderen Dingen und lernen zu schätzen, was erst fremd erschien. Geschmack verändert sich durch Reibung an neuen Eindrücken.

Seit hundert Jahren werden alle Töne als gleichberechtigt behauptet, seit John Cage ebenso das Geräusch und die Stille. Auch die Mikrotonalität ist musikgeschichtlich längst ein alter Hut. Dennoch ist all das für viele Menschen immer noch eine große Hürde, und es erstaunt manchmal, wie konservativ die Haltung junger Musik-Studierender sein kann (gefangen in einer Ästhetik, die weit vor Schönberg bzw. Coltrane und Coleman liegt). Im Vergleich dazu müssen sich Kunststudierende heute viel stärker in einen aktuellen Kontext setzen und über ihre Kunst reflektieren. Sie können es sich nicht leisten, sich ausschließlich mit der Vergangenheit auseinander zu setzen und aktuelle Strömungen nicht zu kennen. Das ist an Musikhochschulen leider oft noch anders.

... und Qualität

Doch was ist nun «gute» Improvisation? Die Bewertung von Musik ist ein komplexes Feld und schließt ein vielfältig diversifiziertes Wissen und Erfahrung mit ein. Die Meinungen über ein gespieltes Stück gehen dementsprechend häufig auseinander. Das ist bei komponierter Musik nicht anders. Überhaupt darf man die meisten Ansprüche, die man an komponierte Musik stellt, auch an improvisierte Musik stellen, solange man sich bewusst ist, was für jeweilige Möglichkeiten und Herausforderun-

11 «Don't push the sounds around», wie Morton Feldman sagte. Übersetzt in etwa: «Die Klänge Klänge sein lassen, sie nicht forcieren.» (Vgl. http://www.cnvill.net/mfopus2.htm).

gen beide Methoden enthalten. Dabei ist es nützlich, sich der eigenen Vorstellungen und Klischees gewahr zu werden. Ein Klischee etwa besagt, dass gut komponierte Musik klinge, als sei sie improvisiert, eine gute Improvisation jedoch wie komponiert. Oft wird eine nicht richtig gelungene Improvisation als «unfrei» bezeichnet. Jedoch empfindet man eine gelungene als «zwingend» Man ist «im Flow», meint immer zu wissen, was zu tun sei, und so stellen sich keine Fragen. Diese Begriffe taugen jedoch wenig und spiegeln eher das eigene, persönliche Empfinden während des Spiels wider – ein Empfinden, das trügen kann.

Auch «Klarheit» ist ein Begriff, der häufig zur Qualitätsbestimmung benutzt wird: Eine Form sei sehr «klar» erkennbar gewesen. Daraus lässt sich jedoch nicht schließen, ob sie für dieses Stück auch gut war. Eine «unklare» Form hat unter Umständen ebenfalls ihre Berechtigung. Eine gebrochene Symmetrie hat ihren eigenen Reiz, ein bloßes A-B-A kann langweilig wirken.

Kriterien finden sich in *Freie Improvisation – Möglichkeiten und Grenzen der Vermittlung* (2013). Dort haben wir für die Bewertung von freier Improvisation die Kriterien «Intensität», «Authentizität/Originalität» und «musikalische Gestalt» besonders hervorgehoben. Grundbedingungen zum Entstehen von Qualität sind selbstverständlich eine individuelle wache Interaktion, der Bezug zur Gruppe sowie eine gute Wahrnehmung (Hören).

a) Intensität

- Das klangliche Ergebnis ist Resultat eines wahrnehmbaren Gestaltungswillens.
- Der Ausdruck des Spiels lässt eine wache Kommunikation vermuten.
- Das Klangergebnis ist Ausdruck eines hohen Energielevels.

b) Authentizität/Originalität

- Klangforschung und Erfindung als Spielhaltung führen zu originellen musikalischen Ergebnissen.
- Die Originalität der Einfälle ist Ergebnis eines wachen Bezugs zur Gruppe und zum momentanen Klangereignis.

c) Musikalische Gestalt (Auswahl von Grundkriterien)

- Die Musik zeichnet sich durch eine verbindliche und spannungsvolle Gestalt aus.
- Die Musik ist Ausdruck von Risikobereitschaft.
- Die Aussagedichte einzelner Spieler stimmt im Verhältnis zum Gesamtgeschehen.
- Dichte und Transparenz werden bewusst gewählt.
- Der Formverlauf der Musik entwickelt sich konsequent aus dem gewählten Spielmaterial heraus.
- Der Verlauf des Stücks ist gut nachvollziehbar und lässt gleichzeitig genug Überraschungsraum zu.

- Stilistische oder idiomatische Bezugsmomente werden nicht zum Selbstläufer, sondern bleiben Gegenstand der freien Gestaltung.
- Die Musik dreht nicht nur im persönlichen (oder gar privaten) Ausdruckskreis, sondern entwickelt eine allgemeingültige kommunikative Kraft.
- Die Klangergebnisse enthalten nebst originellen und einmaligen Momenten auch Archetypen, gehen mit diesen allerdings kreativ und flexibel um.

Versuchen wir nun diese Kriterien zur Qualitätsbestimmung in ein Modell[12] zu überführen: In einem gleichseitigen Dreieck steht eine Seite für Erlebnis, Erfahrung, Authentizität, die zweite für Vorstellungsvermögen, Schöpferkraft, Ideenreichtum, die dritte für handwerkliches Können, technisches Verständnis, Materialbeherrschung. Wird eine Seite zu schwach oder überwiegt eine andere, gerät das Dreieck aus dem Gleichgewicht.

- 1. Seite: Erlebnis, Erfahrung, Authentizität: Ist dieser Aspekt zu schwach, wird der musikalische Ausdruck unpersönlich, akademisch. Ist er zu stark, wird das Spiel selbstbezogen und ist zu sehr auf Befindlichkeit, Selbsterfahrung und Nabelschau fokussiert (umgangssprachlich wird von «autistischen» Improvisationen gesprochen).
- 2. Seite: Vorstellungskraft, Schöpferkraft, Ideenreichtum: Mangelnde Originalität beschränkt sich auf Zitate und Parodien (Appropriation) oder verwässert ursprünglich originelle Ideen durch ständige Wiederholung. Übertriebene Originalität wirkt bemüht und eitel, ein «Overkill» der Ideen. Gelegentlich wird äußerlich vom musikalischen Inhalt abgelenkt, durch theatralische Elemente oder provozierendes Auftreten.
- 3. Seite: Handwerkliches Können, technisches Verständnis, Materialbeherrschung: Mangelndes Handwerk führt zu Dilettantismus, die Ideen können nicht umgesetzt werden. Zuweilen wird der Dilettantismus selber zum Inhalt erklärt, um über technische Mängel hinweg zu täuschen. Übertriebenes Handwerk hingegen tendiert zur Effekthascherei und Zurschaustellung der Virtuosität, ein solches Stück wirkt «steril».

Es handelt sich hier notabene um ein Gedankenmodell, das dem Gespräch als Basis dienen kann – und nicht mehr, denn immer wieder gibt es interessante Beispiele, die nicht in einem solchen Gleichgewicht stehen und deshalb zur Diskussion anregen. Häufig ist zum Beispiel der Grat zwischen genialer Reduktion und inhaltsfreier Simplifizierung sehr schmal. Und es mag sogar vorkommen, dass ein Stück musikalisch scheitert, jedoch aus anderen (etwa interaktiven) Gründen interessant und aufschlussreich ist.

Insgesamt hält die Diskussion über künstlerische Inhalte die Musik am Leben. Die Kriterien ändern sich mit der Musik, mehr noch, sie werden in jeder Gruppen-

12 Vgl. Saehrendt (NZZ 10.6.2018).

improvisation quasi mitimprovisiert und neu verhandelt. Wir werden sehen, dass die in diesem Buch zusammengefassten Themenblöcke mit Ansagen und Übungen auch für die Analyse wertvolle Hilfestellung bieten.

Methode und Vermittlungskompetenz

Der Unterricht erfolgt idealerweise in Gruppen von 5–8 Studierenden, in einem Raum, der der Gruppengröße angemessen ist. Vorzugsweise findet der Unterricht wöchentlich in 1½- bis 2-stündigen Lektionen statt. Das Arbeitsprinzip ist Spielen – Hören – Diskutieren – Spielen. Das Nachdenken, Besprechen, Analysieren, Kritisieren und Beurteilen beeinflusst dabei das neuerliche Spiel. Der Prozess der Vermittlung spiegelt die zu vermittelnde Methode der Improvisation und wird von den Studierenden ebenso stark mitgeprägt wie von den Dozierenden.

Erstrebenswert ist eine möglichst ungezwungene, aber konzentrierte Stimmung, in der Raum für das Experiment besteht. Bei einem konstant hohen musikalischen Anspruch entsteht Respekt vor der Sache. Man darf ausprobieren, dabei auch mal scheitern, und es darf auch gelacht werden, solange die Ernsthaftigkeit der musikalischen Forschung bewahrt wird. An den Improvisationen und Gesprächen sollen sich alle beteiligen. Es muss die Aufgabe der Lehrperson sein, eine gute, der jeweiligen Gruppe entsprechende Balance zu schaffen zwischen dem Fördern und Fordern von musikalischer Qualität einerseits und der Bildung eines offenen musikalisch-sozialen Forschungsraums anderseits. In diesem Raum kann jeder Umweg, jeder Einbruch, jede Stagnation als fruchtbar für den gruppenimmanenten Entwicklungsprozess verstanden werden. Aus diesen scheinbar gegensätzlichen Ansprüchen entstehen letztlich gelungene Freie Improvisationen.

Eine gute Sprach- und Kommunikationskompetenz ist für eine dozierende Person essenziell. Insbesondere soll deutlich unterschieden werden zwischen einer wertfreien Beschreibung der musikalischen Ergebnisse und der Bewertung derselben aufgrund des teilweise persönlich gefärbten Geschmacks. Der eigene Geschmack der Lehrperson soll zumindest zu Beginn der Arbeit mit einer Gruppe eher im Hintergrund stehen, um die individuelle ästhetische Entwicklung der Studierenden zu ermöglichen.

Ebenso essenziell für die Lehrperson ist eine sehr hohe Aufmerksamkeit, gute Wahrnehmung und Erinnerungsvermögen. Das erfordert einen hohen Grad an Konzentration, aber nicht nur das: Die vom Dozierenden geschenkte Aufmerksamkeit während des Spiels trägt auch viel zur Konzentration der Improvisierenden bei. Oft ist es hilfreich, sich Notizen zu machen, um zum Beispiel den Stückverlauf zu skizzieren. Die Lehrperson ist das erste Publikum und wertschätzt das Gespielte, nimmt es wahr und gibt ihren Eindruck davon im Gespräch danach wieder. Die

Studierenden merken: Da hört jemand zu, und diese Person hört alles! Schon dies ist ein großer Ansporn.

Fortgeschrittene Gruppen wünschen sich bald auch eine direktere Kritik der Lehrperson: Sie haben bereits damit umzugehen gelernt, da sie in ihrem eigenen Urteil gefestigter sind. Darum wird es von Seiten der Studierenden als bereichernd empfunden, wenn zum Beispiel im Teamteaching zwei Leute ihre unter Umständen voneinander abweichenden Meinungen äußern.

Eine Improvisation steht immer im Spannungsverhältnis zwischen den ästhetischen Erfahrungen und Erwartungen und dem Resultat im Hier und Jetzt. Dies gilt für die Studierenden wie auch für die Lehrperson, deren Anliegen es sein muss, dieses Spannungsverhältnis aufzuzeigen und Hilfe zu bieten, es als prozessfördernd zu verstehen. Es gibt kein richtig oder falsch und dementsprechend keine Position, von der aus etwas komplett wertfrei beurteilt werden kann. Trotzdem soll ein Dozent/eine Dozentin möglichst neutral sein und transparent machen, dass seine/ihre Präferenz eine von vielen möglichen ist, dass also Wunsch, Meinung und Urteil der Studierenden einen gleichberechtigten Platz haben. Eine Lehrperson wird moderieren, spiegeln, mögliche Deutungen anbieten und bei einer Analyse behilflich sein. Daneben sollen herausfordernde Situationen geschaffen werden, also Spielanlagen, die zu einem neuen Erkenntnisgewinn führen.

Wichtig ist ein offenes und vertrauensvolles Gesprächsklima, das zur Meinungsäußerung animiert – mit dem Ziel, dass sich alle einbringen. Prägend ist deshalb die Art und Weise, wie die Lehrperson der Gruppe und den einzelnen Mitwirkenden begegnet, wie sie die Gespräche moderiert, wie sie deren Inhalt und Verlauf geschehen lässt; des Weiteren, wie sie den Prozess begleitet, zum erneuten Spiel und zur erneuten Reflexion motiviert; schließlich wie sie die Studierenden in ihrem Selbstbewusstsein unterstützt und ihnen das Gefühl vermittelt, dass es wirklich um sie und ihre Musik geht. Es ist – im Sinne der Entsprechung von Inhalt und Form in diesem Fach – angebracht, dass die Studierenden an den Fragen der Vermittlung von Freier Improvisation teilhaben. Die Radikalität des Gegenstands und die entsprechende Konsequenz in der Vermittlungsform verlangen dies, was wiederum die Bildung musikalischer Identität und die Autonomie des Denkens fördert.

Die in diesem Buch zusammengefassten Ansagen und Übungen entsprechen nicht einem Lehrgang, der von A bis Z durchgezogen werden kann. Eine dozierende Person wird selber nicht darum herumkommen, im Unterricht zu improvisieren, weil sich die jeweiligen Themen oft aus dem Spiel heraus ergeben und darauf reagiert werden muss. So wird zunächst ein Stück improvisiert und danach darüber in der Gruppe reflektiert; anschließend entscheidet die Lehrperson, wie weiter verfahren wird, also ob eine Übung formuliert oder ein neues Stück gespielt werden soll. Besonders interessant ist es, wenn Studierende eigene Ideen für eine Ansage oder Übung formulieren. Einen festen Lehrplan zu verfolgen ist auch deshalb nicht sinnvoll, weil jede Gruppe individuelle Herausforderungen stellt. Die hier präsentierten Übungen behandeln deshalb bestimmte Aspekte des freien Spiels gesondert und schärfen die Wahrnehmung. Sie dienen aber keinesfalls als Rezepte, sondern vielmehr dazu, den direkten Zugang zu bestimmten Aspekten der Wahrnehmung zu erleichtern. Ebenso haben die Dozierenden dafür zu sorgen, dass sich die Studierenden nach den Übungen von diesen wieder lösen. Hinweise dazu finden sich bei den konkreten Übungen in den folgenden Kapiteln. Wie häufig bei solchen Übungen wird eine Anweisung, die es zu befolgen gilt, als Einschränkung empfunden. Das Ziel ist es, innerhalb dieser Anweisung die größtmögliche Freiheit zu erreichen, mit einem überzeugenden musikalischen Ergebnis.

Zentral beim Improvisieren ist das Hören - und gleichzeitig die Erinnerung (an das Gehörte). Nur so können wertvolle musikalische Entscheide gefällt werden. Deshalb wird ein eben gespieltes Stück zumeist in der Reflexion aus der Erinnerung beschrieben, bevor es inhaltlich gesprochen und gewertet werden kann.[13] Bereits bei der möglichen Einstiegsfrage «Wie lange dauerte das Stück?» können die Wahrnehmungen stark auseinanderdriften. Waren das nun fünf oder zehn oder fünfzehn Minuten? Das eigene Empfinden täuscht oft, doch kann die Wahrnehmung der Zeit und zeitlicher Verhältnisse geschult werden. Zu Beginn ist eine Stückbeschreibung manchmal etwas zäh, mit der Zeit kann schneller zusammengefasst werden, worum es ging und was die wesentlichen Punkte waren. Manchmal können dann auch diese herausragenden Stellen besprochen werden, ohne dass man auf das ganze Stück eingehen muss. Aus der Reflexion resultiert ein Erkenntnisgewinn. Dabei ist es ziemlich delikat, ein gutes Gleichgewicht von Spielen und Sprechen zu erreichen, denn je länger geredet wird, umso mehr droht die Erinnerung ans Gespielte zu verblassen. Jedenfalls ist beim erneuten Spiel eine deutliche Veränderung der Spielweise wahrnehmbar, auch wenn das Pendel manchmal in die Gegenrichtung ausschlägt.

Hilfreich dabei sind Audioaufnahmen, anhand derer sich bestimmte Aspekte eines Stücks nachhören und nochmals überprüfen lassen – auch noch aus der zeitlichen Distanz von einer Woche. Die dadurch gewonnene «Objektivität» kann allerdings trügen, denn gerade dynamische Verhältnisse werden oft verzerrt wiedergegeben. So ist es frappant, wie die Wahrnehmung während des Spiels von diesem Nachhören abweicht, gerade, aber nicht nur, in Bezug auf Zeitverhältnisse. Typischerweise haben unerfahrene Spieler*innen wenig Vertrauen in eine Idee und geben diese zu schnell auf. Auf der Aufnahme erkennt man, dass vieles zu wenig lang durchgezogen wird. Es liegt im Erachten der Lehrperson, ob es nützlich ist, Unterrichtszeit dafür einzusetzen, ein Stück nochmals ganz zu hören oder ob besser gleich ein neues Stück gespielt werden soll. Natürlich können diese Aufnahmen falls gewünscht den Studierenden auch digital zugänglich gemacht werden, so dass sie sie zuhause individuell nochmals nachhören können. Des Weiteren kann es auch sehr

13 Auch die Entscheidungen, was nicht gespielt wird, tragen wesentlich zur Qualität einer Improvisation bei: «Improvised music grips human beings because it is illuminated by the vivid presence of myriad possibilities that were not taken.» – «Improvisierte Musik berührt die Menschen, weil sie von der lebhaften Präsenz abertausender Möglichkeiten erleuchtet ist, die nicht gewählt wurden.» (Hodgkinson [1998], übers. von den Autoren)

nützlich sein, ausgewählte Musikbeispiele frei improvisierter und zeitgenössischer Musik einzubringen und auf bestimmte Aspekte hinzuweisen.

So wie die Musiker*innen während des Spiels aufgrund des Gehörten entscheiden, wie sie weitermachen, entscheidet die Lehrperson aufgrund eines Stücks, was anschließend thematisiert werden soll und welche Ansage oder Übung in diesem Moment die beste Wirkung erzielt. Dies führt im Idealfall zu einem sehr inspirierenden und interaktiven Unterricht. Selbstverständlich sollen dabei Themen der Studierenden aufgenommen werden. Oft ist es sogar sinnvoller, wenn im Gespräch Kritik aus der Gruppe heraus entsteht und nicht vom Dozierenden ausgesprochen wird. Interessant sind dabei Fragen wie: Wieso hast Du in dem Moment so gespielt oder aufgehört? Was wolltest Du damit erzielen? Was war Dein Plan? Warum spielen wir immer dieselben Klischees? Dabei liegt die Fähigkeit darin zu fördern, zu kritisieren und selber kritisiert zu werden. So wird die oder der Dozierende zur Moderatorin bzw. zum Moderator. Der Prozess wird von Studierenden und Dozierenden gleichermaßen bestimmt. Die Lehrperson wird also in der Diskussion deren Notwendigkeit bestätigen, die Aufmerksamkeit fokussieren, die Konzentration des Gesprächs beobachten, Impulse zu Inhalt und Ausrichtung des Gesprächs setzen, mögliche Fragen oder Probleme auffangen und deren Klärung angehen oder in Aussicht stellen sowie Erfahrungswerte als Bezugspunkte einbringen.

Doch was, wenn das Gespräch nicht zustande kommt? Die Frage ist dann, weshalb? Fehlt das Vertrauen, das einem solchen Gespräch in der Gruppe zugrunde liegen muss? Zur Anregung können gezielte Fragen gestellt werden. Wie hat es angefangen? Was ist dann passiert? Was waren zentrale Momente in dem Stück? Beschreibt das Stück als Ganzes! Gebt einzelnen Phasen Titel! Was blieb in Erinnerung? Auch kann – wenn alle Stricke reißen – die strenge Form der Runde helfen, in der sich jede und jeder der Reihe nach äußern muss. Die Studierenden müssen sich erst daran gewöhnen, über Musik zu sprechen, dies erschwerend noch vor ihren Mitstudierenden – auch das will geübt sein.[14]

Oft wird der Wunsch geäußert, die oder der Dozierende möge doch selber mitspielen. Das darf natürlich individuell entschieden werden. Tatsächlich bewahrt sich, wer als Lehrperson nicht mit der Gruppe mitspielt, eine Außensicht, die durch das Mitmachen getrübt werden kann. Manchmal ist es jedoch ratsam, denn ein solch direkter Input übers Spiel kann nützlich sein, wenn eine Gruppe zum Beispiel in ihren eigenen Klischees gefangen ist. Allerdings muss die Gruppe dafür bereits einigermaßen erfahren sein, denn die Gefahr besteht, dass sich unerfahrene Spieler*innen zu sehr am Spiel des Dozierenden orientieren, anstatt ihm etwas Eigenes entgegen zu setzen. Dieser Aspekt verweist auf eine grundsätzliche Überlegung: Es ist im Gespräch für alle nützlich, gelegentlich die Position zu wechseln, zum Beispiel die der Mitspielenden oder sogar die eines Publikums einzunehmen, um so den Blick auf die Wahrnehmung zu stärken.

---

14 Vgl. Kapitel «Reflexionsaspekte».

Vermittlungskompetenzen sind:[15]

- Die Lehrperson wird dem Verlauf und Tempo des Entwicklungsprozesses einer Gruppe gerecht.
- Die Lehrperson verfügt über einen Methodenkatalog, den sie im Einvernehmen mit den Studierenden einsetzt, um die musikalische Qualität zu steigern.
- Bei der Vermittlung wird eine gute Balance zwischen dem Erreichen von qualitativ hochwertigen musikalischen Ergebnissen und der entwickelten Erfahrung jeglicher Aspekte der Improvisation angestrebt.
- Der Dozent/die Dozentin setzt seine/ihre musikalische und musikpädagogische Erfahrung ein. Er/sie nutzt deren inspirierendes Potenzial und motiviert dadurch und im interaktiven Dialog mit den Studierenden zu einem interessierten musikalischen Forschen.
- Der Dozent/die Dozentin ist fähig, die Wahrnehmung und das Bewusstsein für die Komplexität der Freien Improvisation und für die Entscheidungsverantwortung zu steigern.
- Die Lehrperson muss die Komplexität der Freien Improvisation aufzeigen und gleichzeitig das Bewusstsein stärken, dass jegliche Charakteristik, dass jegliche Qualität von der agierenden Gruppe abhängt.
- Das Gefühl für Verantwortung kann man entwickeln, indem man übt, sie zu tragen. Das heißt, dass es der Lehrperson gelingen muss, den Studierenden die Verantwortung für ihr Spiel und dessen Verarbeitung voll und ganz zu übergeben und, wo es angesagt ist, beratend zu wirken.
- Der Dozent/die Dozentin ist fähig, zur Reflexion über musikalische Ereignisse zu motivieren, und erreicht dies durch eine situationsbezogene und flexible Weise. Es ist die Aufgabe der Lehrperson, das Denken und Sprechen über die gespielte Musik respektive über die Erfahrung mit Freier Improvisation zu fördern. Zudem ist es ihre Aufgabe, über das Sprechen selber nachzudenken.
- Der Dozent/die Dozentin ist fähig, die Ideen und Anregungen der Studierenden in konstruktiver und effizienter Weise in den Arbeitsprozess zu integrieren.

Ansage, Übung, Konzept[16]

Als wichtige methodische Mittel werden Ansagen, Übungen und Konzepte eingesetzt. Diese heben bestimmte Aspekte des freien Spiels gesondert hervor und schärfen die Wahrnehmung. Mit ihnen lassen sich Probleme oder Fragen, die sich bei

---

15 Nach: *Freie Improvisation – Möglichkeiten und Grenzen der Vermittlung*, Zusammenfassung des Kapitels 6.5.2

16 Vgl. *Freie Improvisation – Möglichkeiten und Grenzen der Vermittlung*; S. 38f.

Improvisationsgruppen im Rahmen der Musikausbildung oft ergeben, aufarbeiten. Als Unterrichtsinstrumente ergänzen sie das reflektierende Gespräch (einschließlich musikalischer Analyse). Sie sind deshalb ein wesentlicher Aspekt im hier vorgeschlagenen dialogischen Vermittlungsansatz und mithin auch ein Grund dafür, dieses Buch überhaupt zu formulieren und die Ansätze zu sammeln – in einem Kompendium, das für den Unterricht an Hochschulen bestimmt ist, aber auch bei der Musikvermittlung an Kinder und Laiengruppen dienen kann.

Ansagen, Übungen und Konzepte sind Arbeitsinstrumente respektive Methoden im Unterricht der Freien Improvisation in Gruppen. Wie auch in anderen Schulungsbereichen geht es darum, in der Situation der Unterrichtsarbeit zu erkennen, welche Methode den Entwicklungsprozess optimal fördert. Die Entscheidung, eine bestimmte Ansage zu machen oder eine Übung einzusetzen oder gar an einem Konzept zu arbeiten, kann die leitende Lehrperson fällen. Dies kann oder soll in Absprache mit den Studierenden erfolgen oder kann sogar aus dem Kreis der Studierenden angeregt werden. Diese Methoden haben aber keine Rezeptfunktion, sind keine Spielvorlagen, sondern dienen im Allgemeinen viel mehr dazu, den direkten Zugang zu Aspekten der Wahrnehmung zu erleichtern. Wichtig ist, dass sich die Studierenden nach den Übungen von diesen wieder lösen.

Die *Ansage* ist eine Vorbereitung zur Gruppenimprovisation, die das Prinzip Freie Improvisation nur minimal tangiert. Sie hilft vielmehr bei der Wahrnehmung und Beobachtung oder gibt einen Impuls zur Spielhaltung. Bereits der Hinweis, auf die Spannung des eigenen Körpers zu achten oder verstärkt auf die Artikulation des einen oder anderen Instrumentes zu hören, kann genügen. Die richtige Ansage im richtigen Moment kann oft große Veränderung bewirken.

Mit einer *Übung* wird auf einen bestimmten Aspekt oder Parameter des Gestaltens fokussiert. Eine Übung beschreibt eine Spielregel, welche einerseits eine Einschränkung des Spielraums bedeutet, gleichzeitig aber die präzise Beobachtung bestimmter musikalischer Gestaltungmittel ermöglicht. Eine Übungsanweisung sollte klar und einfach sein, so dass die Übung selbst nicht «geübt» werden muss.

Mit dem Einsatz einer Übung folgt gleich auch die Frage, wie darauffolgend wieder Freie Improvisation erfolgt. Bestimmte Spielverhalten oder gemeinsame Gestaltungen können nach Übungsphasen auch in freien Spielphasen aufleuchten. Wichtig ist, dass den Studierenden bewusst wird, wie stark sie nun die Übungserfahrung oder -erkenntnis im freien Spiel unmittelbar umsetzen wollen oder inwieweit sie gar von einer Übegewohnheit kurzfristig abhängig sind.

Ähnlich wie die Übung regelt auch ein *Konzept* die Gestalt einer Musik, wobei dieses noch mehr darauf zielt, ein ganzes Stück auszuformen. Dies bedeutet meist, dass ein Konzept, welches möglicherweise komplexere Spielanweisungen beschreibt, auch ein differenziertes Ausarbeiten oder Proben verlangt. Die Arbeit an einem Konzept kann eine ganze Lektion beanspruchen, soll sie möglicherweise auch. Die Erfahrung zeigt, dass Konzepte oft zu wenig differenziert ausgearbeitet werden, dass man der Reifung zu wenig Zeit gibt. Dies kann man auch mit der Interpretationsarbeit einer Komposition vergleichen. Ein Konzept sollte derart verinnerlicht sein, dass die Spielweise so frei und selbstverständlich ist, wie wenn sie quasi frei improvisiert wäre. Konzepte können ein Spielfeld öffnen und gleichzeitig die Aufmerksamkeit auf einen Aspekt stärken. Es gibt zahlreiche Konzepte, die den Interpret*innen mehr oder weniger Spiel- und Freiraum geben, zum Beispiel von Mathias Spahlinger, Vinko Globokar, Christian Wolff oder Pauline Oliveros. Eine wunderbare Fundgrube bietet das Buch «Konzeptuelle Musik» von Urs Peter Schneider.[17] In der Luzerner Arbeit spielen Konzepte jedoch eine eher marginale Rolle. Das liegt daran, dass sie zwar ähnlich offen angelegt sind wie eine Freie Improvisation, dass sie aber von einer gänzlich anderen Voraussetzung ausgehen. In Konzepten wird das Klangmaterial zwar auf oft der Improvisation ähnliche freie Weise verwendet, und auch Konzepte verlangen eine ganz bestimmte Disziplin. Die Grundhaltung dabei ist jedoch eine entschieden andere, denn der Prozess ist gleichsam vorbedacht und er lenkt die Musik auf ein bestimmtes Ziel hin.[18] Es ist also verführerisch, aber manchmal auch irreführend, sie im Improvisationsunterricht einzusetzen.

Einstieg in die Freie Improvisation – die erste Stunde[19]

Erinnern Sie sich an Ihre erste Improvisation ohne Vorgaben? Der Moment ist sicher aufregend, vielleicht auch verunsichernd. Häufig kennen sich die Leute in einer Gruppe noch nicht und die bereits gemachten Erfahrungen sind sehr unterschiedlich. Verschiedene Charaktere, von scheu und zurückhaltend bis draufgängerisch, bilden die Gruppe; gemeinsam begibt man sich nun auf unbekanntes Terrain. Außerdem ist die Gruppe mit ihrer Dynamik auch der oder dem Dozierenden noch fremd. Wie also steigt man mit einer mehrheitlich unerfahrenen, mehr oder weniger zufällig zusammengewürfelten Gruppe ein? Dazu gibt es verschiedene Methoden, einige sollen im Folgenden skizziert und diskutiert werden.

Es mag nach dem oben Geschriebenen widersprüchlich erscheinen, an dieser Stelle ausgerechnet von Konzepten zu sprechen, tatsächlich aber ziehen gewisse Dozent*innen eine schrittweise Annäherung vor und bewegen sich erst allmählich

17 Schneider, Urs Peter (2016).

18 Schneider (2016), S. II: «Mit reiner Improvisation haben sie [die Konzepte] in den allermeisten Fällen wenig oder nichts zu tun, grenzen sich gerade durchs Vordenken, durch kompositorische Kompetenz und Kohärenz, durchs Nachdenken entschieden von ihr ab; werden im Spielprozess Entscheidungen nötig, sind sie bewusst und im Einklang mit einem kompositorisch nachprüfbaren Ansatz, also eben gerade nicht spontan, kurzzeitig, voreilig und unreflektiert.» Diese so griffige Darlegung ist durchaus diskutierbar, etwa was das Nebeneinander von «kurzzeitig, voreilig und unreflektiert» in der Improvisation angeht.

19 Vgl. dazu *Freie Improvisation – Möglichkeiten und Grenzen der Vermittlung*, Kapitel 10.3.

über Spielkonzepte auf die Freie Improvisation zu.[20] Dieser Weg soll über die Interpretation mehr oder weniger fixierter Konzepte zur Improvisation führen. Oft sind für den Anfang geeignete Stücke solche, die verschiedene Formen eines homogenen Spiels vorgeben. Das hat den Vorteil, dass sich die Studierenden vermeintlich abgesicherter in den offenen Klangraum begeben, gelegentlich auch, dass man schneller zu musikalisch befriedigenden Ergebnissen gelangt. Konzepte aus diesen Gründen anzuwenden, wäre freilich trügerisch. Alle diese Beispiele führen bereits in eine bestimmte Richtung und können bestimmend für eine gewisse Ästhetik sein. Ziel des Kurses ist jedoch die freie Improvisation; sie sollte auch der Ausgangspunkt sein.

Statt sich die Freiheit von etwas allmählich zu erarbeiten, wie das über Konzepte geschieht, kann man sich der Herausforderung auch sofort stellen: Die Studierenden werden von Anfang an in einen Leerraum «geworfen» und müssen sich darin allein zurechtfinden.[21] Gewisse Dozent*innen beginnen sogar damit, alle Studierenden reihum erst einmal ein kurzes Solo improvisieren zu lassen. Dies eröffnet sogleich viele Möglichkeiten und kann der Lehrperson schnell ein Bild von den einzelnen Persönlichkeiten vermitteln, kann aber für Unerfahrene auch traumatisch sein. Die erfahrungsgemäß lustvollere Methode ist der gemeinsame improvisatorische Einstieg, der im Folgenden skizziert werden soll:

Beim Einstiegsgespräch stellen sich alle (inklusive der Lehrperson) vor und berichten von ihren bisherigen Improvisationserfahrungen. Der Zweck ist nicht nur ein Kennenlernen der Anwesenden, sondern auch eine offene Atmosphäre. Eine dabei entstehende Sammlung von Idiomen, in denen Improvisation eine Rolle spielt, kann gemeinsam ergänzt werden: Jazz, verschiedene Volksmusiken der ganzen Welt, barocker Generalbass, Kadenzen in Konzerten, improvisierende Organisten, Gitar-

20 Ein sehr gutes Beispiel dafür ist Mathias Spahlingers «*Eigenzeit*»: «Finde oder erfinde Gegenstände oder Spielarten, die in Tempo, Rhythmus und Dauer kaum modifizierbar, möglicherweise nach dem Start nicht mehr beeinflussbar, in ihrem Ablauf nicht umkehrbar sind. Beispiele und Anregungen: Kreisende Teller und Becken, Pingpongbälle, wippende Riesenfedern, schnarrende Lineale über Tischkante, Murmeln auf Murmelbahn, Gummiball treppab und so weiter. Jede*r bestimmt den Einsatzpunkt und die Dauer seiner (ihrer) einmaligen und unverwechselbaren Klänge selbst, das heißt, er (sie) wartet den selbstinszenatorisch günstigsten Moment ab. So sind zu häufige große Dichte und eitle Repetitionen zu vermeiden» (Spahlinger, Mathias (1993). *Vorschläge – Konzepte zur Ver(über)flüssigung der Funktion des Komponisten.* Wien, Universal Edition No. 20070, Seite 11). In der Praxis bringt die Lehrperson das Material zu «*Eigenzeit*» zur ersten Stunde mit; jede*r Studierende sucht sich einen Gegenstand aus. Daraufhin spielt man zwei oder drei Versionen des Stückes. Wie haben sich diese charakterlich unterschieden? Welche musikalischen Entscheidungen trifft man trotz der Reduktion des Spielmaterials? Welche Gestaltung ist möglich? So wird der Fokus neu gesetzt, quasi Musik unter dem Mikroskop angeschaut. In einem nächsten Schritt dann wendet man dasselbe Prinzip auf den Instrumenten an. Darin liegt ein möglicher Vorteil dieses Beginnens, denn der Fokus wird von den (beherrschten) Instrumentaltechniken zu anderen Klangerzeugern und damit zum Klang an sich gelenkt.

21 «Fang irgendwo an» («Begin anywhere»), so einfach John Cages Anweisung klingt, so komplex ist sie manchmal umzusetzen.

rensoli in Rockmusik, DJs, Neue Musik und so weiter.[22] In praktisch jeder Form von Musik spielt Improvisation eine zentrale Rolle (außer in der meisten klassischen Konzertmusik von circa 1850 bis 1950). Meistens beziehen sich die genannten Formen der Improvisation auf irgendein Gerüst, es sind also gebundene Improvisationen. Im Jazz wird zum Beispiel über einen Standard mit seinem harmonischen Verlauf improvisiert, im mittelalterlichen Gesang über eine Choralmelodie. Frei wurde allenfalls solistisch improvisiert, phantasiert, präludiert oder extemporiert. Was könnte hingegen eine freie Kollektivimprovisation bedeuten?

Eine kurze Diskussion wird folgen, Stichworte wie Chaos, keine Regeln, Anarchie können auftauchen. Heißt «frei» jedoch, dass es keine Regeln gibt? Die Regeln entstehen beim Improvisieren in der Gruppe. Freie Improvisation ist eine ähnliche Methode wie Komposition, nur entsteht die Musik im Moment, als «Instant Composing». Gutes Hören ist dafür Voraussetzung. Bevor es ans Spielen geht, wird nochmals betont: Hier soll ein geschützter Raum fürs Ausprobieren auch von neuen Spieltechniken sein; alles ist erlaubt, auch was eventuell im Hauptfach verpönt ist, alles wird Teil und steht im Dienst der hier und jetzt entstehenden Musik.

Nach dieser Vorbereitung folgt ein erstes freies Stück, das, wie auch immer es herauskommt, bereits einiges über eine Gruppe und ihre Dynamik andeutet. Vielleicht traut sich niemand zu beginnen – diese Spannung muss ausgehalten werden. Das erste Stück kann zehn Sekunden oder dreißig Minuten dauern, es soll nicht unterbrochen werden. Bei einem zu kurzen Stück kann ein zweites gleich angehängt werden. Wichtig ist, dass ein Prozess in Gang kommt und nicht die Erwartung besteht, dass das erste Stück für das Kollektiv bereits durchwegs befriedigend ist. Diese Grundunterscheidung ist zentral: Ist die Vermittlung Freier Improvisation prozess- oder ergebnisorientiert? Gewiss ist es das Ziel, dass am Ende des Kurses auf einer Bühne «gute Musik» entsteht, die das Potenzial der Gruppe optimal widerspiegelt.

So kann diese erste Improvisation manchmal mit einer Frische überraschen, manchmal aber auch recht orientierungslos geraten. Anfänge wirken forsch oder zögerlich, Tatendrang und Ratlosigkeit lösen einander ab, die Musik steigert sich oder «verplätschert», Klischees tauchen auf, werden originell verwendet oder gleich wieder fallen gelassen. Ab und zu hört es einfach nicht auf, weil immer jemand weiterspielt, obwohl schon lange Schluss sein könnte. Dies alles sind typische Episoden einer ersten kollektiven Improvisation. Wie auch immer: Das war das erste Stück!

Nun folgt, ebenso wichtig wie das erste Spiel, die erste Reflexion. Alle sollen etwas zum Gespräch beitragen, sonst wird nachgefragt: Wie wars? Was ist passiert? Beschreibt rein musikalisch! Wer erinnert sich an den Anfang? Was kam danach? Was meint ihr dazu? Sind die anderen einer ähnlichen Ansicht? Wichtig dabei ist die Unterscheidung zwischen einer musikalischen Beschreibung, die von kleinen Details ausgehen kann oder aber das Stück als großes Ganzes charakterisiert, und

22 Vgl. hierzu Derek Baileys (1987) immer noch maßgebendes Buch: *Musikalische Improvisation. Kunst ohne Werk.* Die englische Erstausgabe *Improvisation – Its nature and practice in music* erschien 1980.

der Befindlichkeit der einzelnen Musiker*innen während des Spiels. Häufig vermischen sich diese beiden Haltungen, denn wer sich unwohl fühlte, empfand die Musik oft auch als minderwertig, was aber nicht unbedingt zusammenhängen muss. Ziel bleibt in erster Linie, auf diese mögliche Diskrepanz aufmerksam zu machen, den Fokus auf interessante Musik zu legen und zu lernen, die eigene Befindlichkeit richtig einzuordnen. Oft ergeben sich aus dieser ersten Reflexion eine Vielfalt von Themen. Bereits werden die zentralen Herausforderungen der freien Improvisation erkannt. Trotzdem sollte dieses Gespräch nicht ausufernd sein, die Gelegenheit zum Weiterdiskutieren kommt bestimmt. Nach diesem ersten Stück und der Besprechung kann eine weitere freie Improvisation folgen. Oder es bietet sich beispielsweise eine Übung wie eine Miniaturenreihe[23] an; also eine Reihe kurzer und sich unterscheidender Stücke, im Sinne einer Materialsammlung, ohne den Stress, das gefundene Material ausbreiten zu müssen.

Meist wird in Feedbackrunden am Ende eines Semesters dieser Anfang, egal wie er gestaltet wurde, als «harzig» beschrieben. Diese kurze Durststrecke muss ausgehalten werden, es führt kein Weg um die erste Erfahrung herum. Bereits in der Zeit zwischen der ersten und der zweiten Lektion passiert sehr viel. Beispielsweise kommen Fragen auf, die dann besprochen werden und gegebenenfalls zu weiteren Ansagen und Übungen führen. In dieser zweiten Lektion bietet sich neben dem erneuten freien Spiel eine weitere Miniaturenreihe an. In den meisten Fällen ist es sinnvoll, bald ein weiteres Konzept wie zum Beispiel die «Schnellen Wechsel»[24] vorzustellen, mit dem Ziel, den Blick spielerisch auf neue klangliche Erfahrungen zu lenken. Danach führen die Gruppe und ihre Improvisationen weiter zu neuen Themen. Ein neues frei improvisiertes Stück baut immer auf den Erfahrungen des Vorhergehenden auf, doch ist immer auch ein Neustart möglich, komplett offen, der die Gelegenheit bietet, alles anders zu machen.

Vom Hochschullabor auf die Bühne

Ein wichtiger Bestandteil eines Semesterkurses ist das Abschlusskonzert. Auch dies ist für viele eine Premiere: Zum ersten Mal geht man auf eine Bühne und vor ein Publikum, ohne zu wissen, was genau passieren wird. Doch es geschieht nicht unvorbereitet, im Unterricht des vergangenen Semesters haben die Studierenden geübt, improvisatorisch auf viele mögliche Situationen reagieren zu können und offen zu sein für alles, was kommen mag. Gruppeneigene Qualitäten und Strategien wurden gefunden und entwickelt. Doch das Vertrauen in die eigenen Fähigkeiten und die der Gruppe ist oft noch wackelig und wird auf der Bühne einem Stresstest ausge-

23 Vgl. Kasten «Miniaturenreihe».
24 Vgl. Kasten «Schnelle Wechsel».

setzt. Das bisher bloß implizierte, allenfalls in Form der «verbündeten» Lehrperson präsente Publikum wird real. Auch deshalb gehört diese Erfahrung zum Kurs, denn die Bühnensituation vor einem Publikum, das in der Regel vor allem aus Mitstudierenden besteht, ist immer etwas Spezielles und löst Neues aus. Im Idealfall wird die Klarheit des Ausdrucks durch die Bühnensituation noch gefördert.

Einsteigergruppen werden in der Regel ein 10–15minütiges Stück spielen, also können mehrere aufeinanderfolgende Gruppen zusammen ein Konzert bestreiten. Die Erfahrung, andere Gruppen in ihrer Unterschiedlichkeit zu hören, kann einige Türen öffnen. Die Resultate können verglichen werden.

Wichtig ist ein gutes Briefing. Mögliche Ansagen vor dem Konzert können sein:

- Nehmt Euch Zeit, eine gute Aufstellung zu finden und die Instrumente zu stimmen.
- Spielt lieber zu kurz als zu lang. Ein solides und stimmiges Stück, das etwas unter der Zeitvorgabe liegt, ist einer Überlänge vorzuziehen.
- Lasst Euch nicht zu sehr von den anderen Gruppen verunsichern. Macht Euer eigenes Ding.
- Trefft keine Abmachungen, lasst Euch nicht dazu hinreißen, eine Show abzuziehen.
- Spielt auch kein Stück nochmals, das ihr vorher (im Soundcheck oder in der letzten Stunde) als gut erachtet habt, sondern erfindet neu.
- Bewahrt die gleiche Konzentration, die ihr auch im Klassenraum hattet.
- Hört gut! Im Falle einer Unsicherheit oder Nervosität: Hört noch besser!
- Verhaltet euch einer Bühne gemäß, als ob ihr ein für euch gewohntes Konzert bestreitet.

Die Aufnahme des Konzerts kann mit etwas Distanz nachgehört und besprochen werden und leitet gut zu einer allgemeinen Feedbackrunde über, die das ganze Semester betrifft und abschließt. Die Kommunikation über den Bühnenrand zum Publikum hin führt zu ganz neuen Erkenntnissen und größerer Identifikation mit dem, was man macht – man steht hinter den Klängen und vertraut ihrer Wirkung. Oft wird erst durch diese Bühnensituation eine ästhetische Enge stark ausgeweitet und die freie Improvisation als Kunst erlebt.

INTERAKTIONSASPEKTE

Freies Improvisieren ist in erster Linie ein spontanes Agieren in einer Zweckgemeinschaft. Die Absicht, gemeinsam zu improvisieren und auf alle herkömmlichen Vereinbarungen zu verzichten, bedeutet, einen vielschichtigen Prozess in Gang zu setzen. Der Austausch von individuellen musikalischen Anliegen und Vorstellungen führt zu einer Vielfalt von Bezügen: von der Anpassung über Schattierungen von Kontrast und Kontrapunkt bis hin zum gegenseitigen Ignorieren. Es gibt Entscheidungsmomente bezüglich der Wahl des Spielmaterials, der formalen Entwicklung und der stilistischen Ausrichtung. Das Gelingen dieser Vorgänge ist abhängig von einer hohen Wahrnehmungsfähigkeit für all diese interaktiven Aspekte. Die Motivation für dieses kollektive Abenteuer ist die Energiequelle für spannende Musik.

Wahrnehmung

Improvisation verlangt in jedem Moment nach Entscheidungen: Spiele ich weiter, höre ich auf? Welches Material wähle ich? Wie gehe ich damit um? Et cetera. Diese Entscheidungen werden aufgrund des Gehörten gefällt. Deshalb ist die möglichst umfassende und genaue, sinnliche und bewusste, körperliche und gedankliche Wahrnehmung von größter Wichtigkeit. Improvisation ist gleichsam angewandte Gehörbildung. Gute Fähigkeiten darin sind Voraussetzung und werden ebenso wie Höranalyse in anderen Unterrichtseinheiten gelehrt.

Das Hören bzw. Wahrnehmen beim gemeinsamen Musizieren hat verschiedene Dimensionen und kann auf unterschiedliche Weise geübt werden. Das eine ist die Fähigkeit, möglichst alle klanglichen Ereignisse gleichzeitig wahrzunehmen. Dem gegenüber steht das fokussierte Hören. Dabei konzentriert man sich auf eine Auswahl von Mitspielern respektive Instrumenten – oder vielleicht sogar primär auf die Artikulation der Töne oder Geräusche. Ein fokussiertes Hören führt direkt zum analytischen Hören.

Analytisches Hören kann auf einer Höraufgabe aufbauen. Hier konzentriert man sich zum Beispiel auf die Klangstruktur, die Besetzungsdichte, die Spielfunktion der einzelnen Mitspieler*innen oder die Spannung des Formverlaufs et cetera. Durch dieses Fokussieren können Ereignisse festgehalten werden: Nicht nur werden gewisse Aspekte herausgeschält, sie verankern sich auch im Gedächtnis. Dieses bewusste Hören und Erkennen steigert zum einen die musikalische Qualität und ist zum anderen aber eine der wichtigsten Voraussetzungen für das Erinnerungsvermögen. Was sich letztlich im Gedächtnis festsetzt, kann allerdings ganz unterschiedlich sein, worauf der eingenommene Hörfokus maßgeblich Einfluss hat.

Diese Hörperspektiven können während des Spiels wechseln. Der Fokus oszilliert im Idealfall ständig zwischen der Gruppe und den Individuen sowie dem eigenen Spiel, in einer Art permanenter Feedbackschleife zwischen Wahrnehmung und (Re-)Aktion. Dies führt zu einer erhöhten Höraufmerksamkeit, also dem verbesserten Erkennen des Materials, der formalen Tendenzen und des strategischen Verhaltens der anderen. Insbesondere der Raum als bedeutender akustischer Rahmen wird häufig zu wenig bewusst wahrgenommen.

Höraufmerksamkeit

Wie lassen sich verschiedene Abstufungen der Höraufmerksamkeit beschreiben? Die amerikanische Akkordeonistin, Komponistin und Improvisatorin Pauline Oliveros unterscheidet zwischen «Hearing», «Listening» und «Deep Listening», wie folgt:

> Das [physiologische] Hören [*hearing*] ist wissenschaftlich ziemlich gut erforscht, das Zuhören [*listening*] weniger. Ein Hör-Neurowissenschaftler, mit dem ich kürzlich sprach, meinte, Zuhören sei Hören plus Aufmerksamkeit. [...] Wenn wir hören, übermittelt das Ohr durch seine mechanischen Teile eine Wellenform ins Gehirn und da findet dann das Zuhören statt. Wir hören dem zu, was uns unsere Erfahrung über die durch das Ohr übermittelten Wellenformen mitteilt. Dies ist der Unterschied: Hören passiert in der Mechanik des Ohrs, Zuhören findet im Audio Cortex und im Gehirn statt. Vertieftes Zuhören [*deep listening*] erweitert unsere Aufmerksamkeit. Wir unterscheiden im vertieften Zuhören zwei Formen: fokussierte und globale Aufmerksamkeit. [*focal and global attention*]. Fokus entspricht mehr dem Digitalen, indem die fokussierte Aufmerksamkeit von Moment zu Moment erneuert wird, um einer Art von Strom ausschließlich folgen zu können. In einem Sprachstrom zum Beispiel erneuert man, um folgen zu können, andauernd die Aufmerksamkeit auf das Gesagte. Wir alle kennen die Erfahrung, einen Moment abgelenkt zu sein und Teile des Gesagten zu verpassen. Also benötigen wir eine gewisse Energie, um die Aufmerksamkeit aufrecht zu erhalten. Erweiterte globale Aufmerksamkeit nimmt hörend alles auf, was um einen und in einem geschieht. Wenn wir so möglichst ganzheitlich umfassend (zu-)hören – und das ist, was ich inklusives Zuhören [*inclusive listening*] nenne – nehmen wir fast unbeschränkt alles wahr, was hörbar ist. Meistens filtern wir den Höreindruck, schließen Dinge aus, die wir als nicht wichtig erachten, aber um vertieft zuzuhören [*deep listening*], müssen wir alles einschließen.[25]

25 Oliveros (1990): «Hearing is something that has been studied quite a bit scientifically. Listening much less so. An auditory neuroscientist that I spoke with recently said that listening was hearing plus attention. [...] When we hear, the ear has transmitted a waveform, through its mechanics, to the brain and it's there that we listen. And, we listen to what our experience tells us about the waveforms that hearing has transmitted. So hearing and listening are different in that way. Hearing takes place through the mechanics of the ear, and listening takes place in the audio cortex or in the brain.

Bei der Freien Improvisation sind alle diese Arten von Höraufmerksamkeit gefordert. Im Folgenden untersuchen wir ihre Relevanz in Bezug auf Raum, Material und strategisches Verhalten der Anderen.

Raum

Alle Musiker*innen reagieren selbstverständlich und intuitiv auf den Raum mit seiner Akustik und spielen ein komponiertes Werk in einer halligen Kirche anders als in einem «trockenen» Theatersaal. Jedoch sind sie sich häufig zu wenig bewusst, wie der Raum eine Improvisation beeinflusst, und deshalb beziehen sie sich zu wenig auf die akustische Umgebung.

Ansage: Hört auf den Raum.
Ansage: Bringt den Raum zum Schwingen.
Ansage: Hört auf den Raum. Euer Spiel ist Ausdruck eures Zuhörens.

Ziel ist die verbesserte Wahrnehmung der Totalen sowie der räumlichen Akustik.

Wie resoniert ein Raum? Ausgehend von dieser Frage sollen auch physikalische Aspekte des Klangs erspielt und erhört werden. Diese Ansage und der damit verbundene Wechsel der Hörperspektive bewirkt oft eine komplett andersartige Musik, die sich besser mit dem Raum verbindet.

Übung: Was für Geräusche sind in einem ansonsten «stillen» Raum hörbar? Wie viele Ebenen unterscheidet ihr? (Heizung, Klimaanlage, Lampen, Außengeräusche bis hin zum eigenen Puls etc.)

Der Fokus wird auf eine Geräuschebene gelenkt, die normalerweise ausgeblendet wird.

Deep Listening is expanding our attention. In Deep Listening we talk about two forms: focal attention and global attention. Focus [focal] is more like digital, in that focused attention needs to be renewed moment by moment, in order to exclusively follow a stream of some sort. A stream of speech for example; you have to keep renewing your attention to what is being said. All of us have the experience of being distracted for a minute and missing part of what someone has said. So, to keep your attention focused takes quite a bit of energy. Global attention is expanding to take in and listen to everything that is around you; inside of you. When we do this, and we can expand almost infinitely to include, and this is what I call inclusive listening, everything that is possible to listen to. Most of the time we are discarding what's going on as not important, but in order to do what I call Deep Listening we have to include everything» (Übers. von den Autoren).

Dieses «mikroskopische» Hören kann natürlich auch auf die Instrumente ausgeweitet werden, wo zum Beispiel Aspekte der Klangerzeugung häufig ausgeblendet werden.[26]

Dieses Thema kann erweitert werden durch Hinweise auf John Cage, seine Komposition *4'33''* und seine Erfahrungen in einem schalltoten Raum, wie er sie in «Indeterminacy» beschreibt:

> Als ich nach Boston gelangt war, ging ich in den schalltoten Raum der Harvard-University. Nun – in jenem stillen Raum – hörte ich zwei Geräusche: ein hohes und ein tiefes. Nachher fragte ich den zuständigen Techniker, warum ich, obwohl der Raum so still war, zwei Geräusche gehört hatte. Beschreiben Sie es, sagte er. Ich tat es. Er sprach: Das hohe Geräusch war Ihr arbeitendes Nervensystem; das tiefe Ihr zirkulierendes Blut.[27]

Übung: Hört bei offenem Fenster intensiv auf die Umgebung und macht eine grafische Notation des Gehörten.
Übung: Dasselbe mit einem Musikstück.

Hörbare Verläufe/Formabläufe werden bewusst.

Das Sichtbarmachen eines hörbaren Verlaufes verdeutlicht diesen. In einer Gruppe können die verschiedenen Grafiken verglichen und besprochen werden. Als Erweiterung können grafische Notationen erstellt und geübt oder vorhandene Stücke (Cornelius Cardew, Earle Brown, etc.) erarbeitet werden.

Ansage: Hört auf die Position der Mitspieler.

Bessere Orientierung im Raum und in der Gruppe.

Geht folgenden Fragen nach: Wie hörst Du weiter entfernte Mitspieler*innen? Wie sehr beeinflusst dies die musikalische Kommunikation? Spielst du Duos häufiger mit Spiel-Nachbarn? Wie beeinflusst die Aufstellung den Gruppenklang im Raum und welchen Einfluss hat dies auf das musikalische Ergebnis?

---

26 Vgl. Kapitel «Musikalische Aspekte/Instrumentale Möglichkeiten/Vokabular».

27 John Cage: Unbestimmtheit, dt. von Hans G Helms; zitiert nach: Schnebel, Dieter (1969): *MO-NO; Musik zum Lesen*; Köln, Verlag M.DuMont Schauberg; Beiblatt: Assoziationen (Cage-Kommentare). Originalzitat: «It was after I got to Boston that I went into the anechoic chamber at Harvard University. Anybody who knows me knows this story. I am constantly telling it. Anyway, in that silent room, I heard two sounds, one high and one low. Afterward I asked the engineer in charge why, if the room was so silent, I had heard two sounds. He said, «Describe them». I did. He said, ‹The high one was your nervous system in operation. The low one was your blood in circulation»».

Erkennen des Materials

Übung: Erkennt die Gestalt eines musikalischen Ereignisses und reagiert darauf.

Ziel hier ist es, mehr Tempo im Reagieren und Umsetzen der Informationen zu gewinnen, denn oft braucht die Analyse des Gehörten zu viel Zeit und lähmt eine Reaktion.

Die Änderung der Hörperspektive von der bremsenden Analyse zu einem schnellen skizzenhaften Erkennen der Gestalt oder des Charakters (zackig, rund, weich, etc.) erhöht das Reaktionstempo. So lässt sich auch ein tonales Zentrum erkennen, bevor man die ganze Harmonik begreift.

Idealerweise werden die Hörperspektiven zusammengebracht, also konsolidiert, und die Fähigkeiten dahin entwickelt, dass man einerseits die (vielleicht einfachen) Umrisse eines Ereignisses hört, andererseits aber auch die (vielleicht sehr komplexen) genauen Parameter in seinem Innern schnell erfassen kann, um in möglichst adäquater Weise darauf reagieren zu können.[28]

Ansage: Hört locker und entspannt zu.

Vertiefung des Hörens und größere Beweglichkeit in der Hörhaltung.

Durch genaues, vertieftes, jedoch entspanntes Hören ergeben sich oft Antworten auf musikalische Fragen: Wann spiele ich? Was spiele ich? Ich erkenne, was in einem Stück benötigt wird, wonach die Musik verlangt. Eine Blockade, die durch verkrampftes Hören entstanden ist, kann so beseitigt, eine Phase der Unkonzentriertheit durch besseres Zuhören und eine offene Wahrnehmung wieder verlassen werden.

Das fokussierte Hören und das analytische Hören werden im Idealfall in den Fächern Gehörbildung und Höranalyse abgedeckt. Dazu besteht bereits eine Fülle von Unterrichtsmaterial. Es sei an dieser Stelle nur darauf hingewiesen, dass die musikalischen Parameter eines Klangs beim Hören oft unterschiedlich gewichtet werden. Die Eigenschaften des einzelnen Tons / Klangs, also der Parameter Tonhöhe, Dauer, Dynamik, Klangfarbe, Artikulation und Positionierung im Raum werden im Kapitel Musikalische Aspekte/Material/Parametrische Gestaltung des Materials besprochen.

---

28 Vgl. dazu die Liner Notes zu *Unit Structures* von Cecil Taylor (CD-Reissue Blue Note, 1987) bzw. die Analyse dieser Methodologie von Joe Morris (2012), wo er diese Zellen «templates», also «Vorlagen», nennt, die dann musikalischen Prozessen unterworfen werden.

Erkennen des strategischen Verhaltens der anderen

Ansage: Achtet darauf, wie das Ensemble funktioniert. Gibt es Rollenmuster?

Erkennen und bewusstes Brechen der sich wiederholenden Verhaltensklischees.

Der Impuls zu dieser Ansage findet vor allem im Gespräch statt. Rollenmuster können sein: Es beginnt immer die gleiche Spielerin, der gleiche Spieler; es spielt immer dieselbe Person ein Solo, etc.

Oft machen sich sehr schnell solche Verhaltensmuster in einer Gruppe bemerkbar, was dazu führt, dass die Aufmerksamkeit allgemein sinkt, was wiederum die Wahrnehmung beeinträchtigt. Solche Klischees können beim Spiel störend wirken. Manchmal reicht es schon aus, darauf aufmerksam zu machen, um Veränderungen und größere Offenheit herbeizuführen. Das Ziel ist es jedoch nicht, diese oft gut erprobten und funktionierenden Verhaltensmuster komplett zu vermeiden, sondern einen offenen, freien Umgang damit zu ermöglichen. Die Palette soll – wie andernorts auch – erweitert werden.[29]

Orientierung: Erinnerung, Erwartung

Orientierung kann Verschiedenes bedeuten: Wo bin ich (ist mein Klang) im Raum?[30] Wie sind die Funktionen der Mitspielenden verteilt? Spiele ich im Vordergrund solistisch oder im Hintergrund begleitend?[31] An dieser Stelle geht es insbesondere um die Frage, wie man sich aufgrund des Wahrgenommenen auf der Zeitachse im Formablauf orientiert.

Die Orientierung im Verlauf einer Kollektivimprovisation stellt komplexe Ansprüche. Es bedarf der Bemühung, den aktuellen Stand der Musik bewusst zu hören, sich zu erinnern, was war, und eine Vorstellung zu haben, in welche Richtung sich die Musik bewegen könnte. Die Orientierungsfähigkeit verändert sich je nachdem, ob man spielt oder nicht. Mit der Orientierung unmittelbar gekoppelt ist die Flexibilität des Verhaltens. Die Musik kann sich in Richtungen bewegen, die gerade nicht den eigenen Vorstellungen entsprechen, so dass man sich jederzeit neuen musikalischen Vorgängen stellt. Erwartungen können auch gebrochen und unterwandert werden. Übergänge oder Neuanfänge fordern meist einen besonders hohen Grad an Wachheit oder Flexibilität. Insbesondere die Schlussfindung profitiert von dieser Fähigkeit.[32]

---

29 Vgl. Kapitel «Interaktionsaspekte/Verhalten / Spielhaltung/Spielstrategie / Funktion».
30 Vgl. Kapitel «Interaktionsaspekte/Wahrnehmung/Höraufmerksamkeit/Raum».
31 Vgl. Kapitel «Interaktionsaspekte/Verhalten / Spielhaltung/Spielstrategie / Funktion».
32 Vgl. Kapitel «Musikalische Aspekte/Form/Schlussfindung».

Ansage: Versucht, euch eures eigenen Materials bewusst zu machen.

Das verbesserte Erkennen und Erinnern an eigenes benutztes Material ermöglicht das formale Gestalten durch das (ev. variierte oder kontrastierende) Wieder-Abrufen von Stellen im Stückverlauf.

Zudem kann versucht werden, sich auch das Material von anderen Mitspielern zu merken. Dieses lässt sich bei Gelegenheit im Sinne einer Variation als formales Element im Stück verwenden oder weiterentwickeln. Die bewusste Verwendung von Materialien der anderen Mitspieler (im Sinne einer Variation) kann dazu beitragen, formal-inhaltliche Verklammerungen innerhalb eines Stückes zu stärken.[33]

Ansage: Versucht die Tendenz eines musikalischen Prozesses zu erkennen und den weiteren Verlauf zu antizipieren.

Hier soll vor allem das Bewusstsein auf die formalen Gestaltungs- und Entwicklungsmöglichkeiten gelenkt werden.

Eine Wahrnehmung der hier angesprochenen Aspekte ermöglicht eine bewusstere Steuerung der Klangprozesse im Kollektiv. Ist es mir möglich, eine Entwicklung im laufenden Klangprozess festzustellen? Kann ich eine Erwartung aufbauen, welche daraufhin bestätigt oder gebrochen wird? Kann ich diese steuern und wird es dadurch möglich einen plausiblen musikalischen Schluss zu finden? Ist das Klangbild momentan ruhig und stabil oder befinden wir uns in einer Veränderung? In welche Richtung könnte es gehen? In welchem Zeitraum? Zum Beispiel: Die Gruppe befindet sich in einem Crescendo, ev. mit Verdichtung, doch oftmals wird vergessen zu antizipieren, was danach kommt. Gibt es einen Höhepunkt und wie wird dieser gestaltet, was kommt danach? Je nach Spielverlauf muss die eigene Erwartung natürlich auch revidiert werden.

Ansage: Achtet im Klangverlauf auf mögliche Impulse von Mitspieler*innen, die es euch erlauben, ein- oder auszusteigen oder euer Material oder eure Funktion zu ändern.

Verbesserte Transparenz und Genauigkeit.

33 Vgl. die Kapitel «Musikalische Aspekte/Form/Kontrast und Wiederholung» und «Musikalische Aspekte/Form/Entwicklung und Übergang» sowie den Kasten «Orientierung in der Gruppe in diesem Kapitel».

Die Ein- und Ausstiegspunkte des eigenen Spiels werden mit den Impulsen anderer Spieler*innen vernetzt, ein «kollektives Gewurstel» wird vermieden. So entsteht eine besser organisierte Polyphonie, ein Gruppengefüge durch verschiedene Impulse. Die Frage, wann und wieso jemand in einen musikalischen Verlauf einsteigt, vereinfacht sich dadurch erheblich. Dadurch entsteht ein Netz von Beziehungen unter den gespielten Gesten und Phrasen, die auch an Bedeutung gewinnen. Impulse können sein: Phrasenanfang und -schluss, Akzent innerhalb einer Phrase, Gesten (Einatmen, Bogeneinsatz), Lückensuchen (in den Phrasen der Mitspieler*innen), etc.[34]

Orientierung in der Gruppe

Oft wird während des Spiels nicht genügend Aufmerksamkeit darauf gelegt, wer gerade spielt und wer nicht. Die folgende Übung ist ein Konzept, das diese Wahrnehmung voraussetzt und fördert.

Vorübung: Jemand spielt ein (kurzes) Solo, mit möglichst klaren Konturen (zum Beispiel: kurze Töne, hoch, laut). Die/der nächste Spieler*in unterbricht mit einem möglichst großen Kontrast zum vorher Gespielten. (Beispiel: lange Töne, tief, leise). Die/der vorherige Spieler*in stoppt präzise auf das erste hörbare neue Ereignis. Dabei wird geübt, klare musikalische Aussagen (Statements) zu machen, diese bei anderen klar und schnell wahrzunehmen sowie schnell und genau darauf zu reagieren.

Übung (Spielkonzept) zur Orientierung in der Gruppe:

Es gilt die Grundregel, dass höchstens zwei Leute zur gleichen Zeit spielen. Es spielt also das Duo A-B. Ein*e dritte*r Spieler*in C steigt ein. In diesem Moment halten A und B kurz inne und entscheiden dann, ob sie wieder spielen oder nicht. Im Idealfall ist dieses Innehalten nur ein kurzes Zeichen der Wahrnehmung, ein Bruchteil einer Sekunde. Nun gibt es folgende Möglichkeiten (C spielt):

A und B steigen beide wieder ein: Nun muss C seiner-/ihrerseits kurz innehalten und entscheiden, ob weitergespielt wird oder nicht.
Nur A oder B steigt wieder ein: Es entsteht ein neues Duo (A-C bzw. B-C), das weiterspielt.
Weder A noch B steigen wieder ein: Das gibt die Möglichkeit einer weiteren Person D mit C als neues Duo mitzuspielen (ohne dass C innehalten muss).

34 Vgl. Kasten «Schnelle Wechsel».

Dieses Spiel erfordert eine hohe Aufmerksamkeit und Übersicht. Wer spielt? Wie viele spielen? Neue Einsätze sollen dabei sehr klar erfolgen. Unter Umständen können die oben beschriebenen Wechsel sehr rasch erfolgen.

Wenn diese Grundform geübt ist, kann sie auch erweitert werden. Bei einer Situation, in der drei Spieler*innen über längere Zeit involviert sind (zwei gegen eine*n) kann, wer gerade nicht spielt, ein klares Handzeichen mit drei gestreckten Fingern machen (möglichst deutlich und lang genug, dass es alle sehen). Dann gilt die gleiche Regel wie oben bei nur drei Mitspielenden. D.h. die jeweils vierte Person kann unterbrechen, ein Trio bleibt die Grundform. Dies kann bis zur Gesamtanzahl der Mitwirkenden erweitert werden. Falls Verwirrung herrscht, können erneut Handzeichen eingesetzt werden.

Reduziert werden kann die Anzahl der Spielenden entweder wiederum durch ein Zeichen: Falls zum Beispiel bei geltender Quartettregel nur zwei spielen, kann das Duo-Zeichen, also zwei Finger, gezeigt werden; dann gilt die Duo-Regel. Oder man führt ein neues Zeichen ein: den erhobenen Zeigefinger (Achtung!) der dann zu einer neuen Solistin oder einem neuen Solisten zeigt; im gleichen Moment müssen alle anderen aufhören zu spielen. Ab dann gilt wieder die Duo-Regel, es kann also sogleich wiedereingesetzt werden.

Das Zeichengeben soll immer aus musikalischen Gründen und aus dem Spielverlauf heraus erfolgen. Es soll musikalische Verläufe ermöglichen, ohne diese in vorgedachte Bahnen lenken zu wollen (man wird scheitern!). Es empfiehlt sich jedoch, ein Schlusszeichen einzuführen, zum Beispiel die gehobene Faust. Wie bei allen Zeichen dieser Art gilt: Erst kommt das Zeichen, das heißt «Achtung!», es wird aber noch weitergespielt, dann erst das «Los!». Zum Schluss: Zuerst wird die Faust im Spielverlauf erhoben, bis alle sie wahrnehmen, und dann gesenkt, worauf unmittelbar der Schluss folgt.

Wie bei allen Spielkonzepten gilt es auch hier, die Grenzen auszuloten und sich durch Üben flexibler in diesem etwas einengenden System zu bewegen. Bei der Rückkehr zum freien Spiel beobachtet man häufig, dass sich die Orientierung verbessert hat und die individuellen Aktionen in einem klareren Bezug zu einander stehen.

Kommunikation

Die sozialen Aspekte, die in der komponierten Musik eher ausblendet werden oder zweitrangig sind, erhalten in der Freien Improvisation, diesem spontanen Agieren in einer Zweckgemeinschaft, eine zentrale und für das (Klang-)Resultat immanente Bedeutung, insbesondere weil die Kommunikation nicht auf eine funktionale oder hierarchische Weise eindeutig vorfixiert ist.

In der Freien Improvisation wird der im Grunde neutrale Begriff *Kommunikation* durch verschiedene, für das Zusammenleben und die Kreativität von Menschen wichtige Werte (Interesse, Offenheit, Gleichberechtigung, Interaktion, Klarheit etc.), geprägt. Künstlerisches Tun lotet immer wieder aufs Neue die Möglichkeiten von Kommunikation aus. Dieses Interesse am Austausch im Kollektiv hat beim Musikmachen ähnlich wie bei Theater und Tanz eine besondere Bedeutung. Das qualitative Ergebnis gibt Auskunft über das Potenzial des kollektiven Kommunikationsvermögens. Freie Improvisation auszuüben verlangt selbstverständlich eine Offenheit und ein hohes Interesse an der Partizipation aller. Der musikalische Produktionsprozess wird dadurch als künstlerisches Gestaltungsprinzip radikal und höchst komplex (manche sprechen sogar von einem komplexen System). Daran sind alle jederzeit gleichberechtigt beteiligt. Eine Rollenverteilung ergibt sich allenfalls aus dem Verlauf. Dies verlangt von allen Musiker*innen eine Klarheit in der Wahrnehmung, der Äußerung und der Interaktion.[35]

Dialogische Prinzipien

Auch wenn es deutliche Unterschiede zwischen sprachlichen und musikalischen Dialogen gibt, so lassen sich doch interessante und für unser Thema aufschlussreiche Analogien ziehen. Ähnlich wie im Gespräch können sich auch Musiker*innen bestätigend oder ablehnend, kommentierend oder schweigend, ja begeistert oder empört verhalten. Der/die eine lässt dem/der oder den anderen Raum, Argumente auszubreiten, sie/er kommentiert, widerspricht oder fällt sogar inspirierend ins Wort.

Dabei ist es wichtig, welche Haltung jemand ausstrahlt: Ob er die anderen zum Mitmachen einlädt oder aber abweisend monologisiert.[36] Es kann aber auch vorkom-

---

35 Der britische Saxophonist John Butcher fasst das in seinen *15 Simple Statements on Free Improvisation – with Illustrations and Contradictions* gut zusammen: «Each player should equally be able to affect the content, form and direction of the music at any moment» veröffentlicht in: Magyar Műhely, Winter 1998 / Spring 1999, Vol. 37, No. 108–109, p. 104–5 (Hungary). – «Jeder*m Spieler*in sollte es zu jedem Zeitpunkt gleichermaßen möglich sein, den Inhalt, die Form und die Richtung der Musik zu beeinflussen» (Übers. von den Autoren).

36 Vgl. dazu die Übungen im Kapitel «Musikalische Aspekte/Material/Stimme als Instrument – Sprache als Inspiration».

men, dass ein imitatorisches Verfahren der rein rhetorischen Bestätigung dient und die Musik nicht wirklich weiterbringt.

Da in der Freien Improvisation bei Duo-Situationen oder auch unter mehreren Spieler*innen oft solche dialogische Spielweisen entstehen, wird es sicherlich angebracht sein, diese Form des Dialogs nicht nur reflektierend zu thematisieren, sondern im Unterricht, je nach Bedürfnis oder Dringlichkeit, die eine oder andere der folgenden Übungen einzubauen. Es ist also durchaus wichtig, diese Spielweisen, die häufig von selber entstehen, im Lernprozess zu reflektieren. Bei erfahrenen Musiker*innen allerdings spielen sie keine oder eine sehr untergeordnete Rolle.

Übung: Spielt im Duo mit jeweils kürzeren Gesten von Spieler*in zu Spieler*in hin und her und versucht dieses Spiel als Dialog zu verstehen.

Das Dialogisieren in instrumentaler Form bringt einerseits zu Bewusstsein, wie stark die non-verbale Kommunikationsebene beim sprachlichen Dialog präsent ist, und führt andererseits durch das Fehlen der semantischen Ebene zu neuen Spielideen.

Bei diesen Übungen kommt es üblicherweise zu typischen Szenarien: Das Hin und Her mit Spielfiguren wird eingangs meist als witzig empfunden, nützt sich dabei aber oft schnell ab: Es wird stereotyp. Auch die Bemühung, dieses Spiel zu übertreiben, bleibt meist nicht sehr nachhaltig.

Übung: Beobachtet zuerst den sprachlichen Dialog bezüglich Wort- und Satzfolgen, Sprechtempo, Melodik, Artikulationsdichte und Dynamik und versucht beim Übertragen auf das instrumentale Duo alle Aspekte zu übernehmen.

Die Vergleichbarkeit von sprachlichem und musikalischem Dialogisieren wird durch das Beobachten der erwähnten Parameter deutlich bewusst.

Einmal mehr kann durch solche Vergleiche bewusst gemacht werden, dass unser Umgang mit Sprache enormen Einfluss auf die Entwicklung von Musik ausübt und auch dem Verständnis von Musik dient.

Übung: Beobachtet beim sprachlichen Dialog auch alles Gestische, die Blicke und vor allem auch die begleitenden Zwischentöne (ja, mhm, etc.) und versucht auch diese Aspekte beim Übertragen auf das instrumentale Duo zu übernehmen.

Ziel dieser Übung ist das Untersuchen weiterer Möglichkeiten der musikalischen Gestaltung durch das Übertragen von alltäglich gewohnten und gleichzeitig komplexen Handlungsebenen.

Diese Übung soll nicht nur eingesetzt, sondern auch diskutiert werden, da sie eher ungewöhnlich ist und möglicherwiese mehrmals durchgeführt werden muss, bis man ihren Nutzen erkennt. Das Beobachten der vielen Handlungsebenen beim Gespräch führt meist zu vielfältigen spannenden Themen. Wie bei vielen der in diesem Kompendium erwähnten Themen ist es bei diesen Übungen besonders wichtig, sie dann einzusetzen, wenn sich das Thema aufdrängt und der Wunsch entsteht, sich damit auseinander zu setzen.

Übung: Versucht dieses inzwischen vielfältige oder vielschichtige dialogische Spielen mit gewohnter musikalischer Zweistimmigkeit – wie homogener Melodik oder einer Melodik, die sich formal ergänzend ablöst, kontrastiert, imitiert, etc. – zu verbinden.

Ziel hier ist das Unterscheiden und Verbinden verschiedener Formen von Zwei- oder Mehrstimmigkeit und das Integrieren in größere kollektive Spielverläufe.

Dies ist eine Übung, die dazu dient, das oft oberflächliche musikalische Dialogisieren zu vertiefen und in einen gestalterisch interessanten Kontext einzuschließen.

Agieren in der Gruppe: heterogen / homogen

Ein wichtiges Charakteristikum des Zusammenspiels ist, ob die Gruppe homogen oder heterogen agiert. Im ersten Fall kann dies zu einer Art «Schwarmverhalten» oder einem «Herdenprinzip» führen. Alle folgen einem Gruppenverhalten, entweder bewusst zur Gestaltung – etwa einer Klangtextur – oder aber unreflektiert und träge. Häufig empfinden Anfängergruppen gerade ein solches Klanggeschehen als kommunikativer, weil es tendenziell mehr verbindende Gemeinsamkeiten aufweist. Im anderen Fall wiederum kann es vorkommen, dass die musikalischen Zusammenhänge unter einer zu großen Diversität der Aktionen leiden. Homogenität fördert den Zusammenhang und den Zusammenhalt; Heterogenität hingegen die Individualität. Einmal mehr geht es um eine Balance. Um diese Situationen zu verdeutlichen, ist es angebracht, zunächst ein Stück homogen und daraufhin eines heterogen zu spielen.[37] Was ist passiert? Wie verändern sich die Interaktion und die Reaktion? Wie entwickelt sich der Klang?

Als Übung bietet es sich zum Beispiel an, gemeinsame Gesten oder kleine Bögen auszuführen, eventuell führt dabei jemand. Mit der Zeit können diese Phrasen

37 Vgl. dazu die Übungen im Kapitel «Musikalische Aspekte/Material/Parametrische Gestaltung des Materials».

länger werden und sich zu einem längeren (Atem-)Bogen entwickeln. Oder aber man spielt einen Klang, an dem alle gemeinsam beteiligt sind.

Eine weitere Übung: Spielt ohne Bezug zueinander, quasi «solipsistisch». Hier geht es darum, möglichst unabhängig voneinander zu agieren, quasi wie der «übende Geiger im Nebenzimmer». Diese Übung lässt sich ausweiten, indem sich die Musiker*innen, wenn es die Platzverhältnisse erlauben, in verschiedenen Räumen verteilen, in denen sie einander noch knapp hören können.

In letzter Konsequenz könnte die Anweisung sogar heißen: Verteilt euch in Räumen, so dass ihr einander überhaupt nicht mehr hört; nehmt euer zeitlich umrissenes Spiel aber auf und führt es in einer Aufnahme zusammen. Untersucht und diskutiert das Ergebnis, das aus diesem «solipsistischen» Musikmachen entstanden ist.[38] Diese Erfahrung des Zusammenführens von völlig Unabhängigem führt auch zur Diskussion darüber, wie überhaupt musikalischer Sinn entsteht.

Gruppenorganisation: Besetzungen, horizontal / vertikal

Wie nun gestaltet sich das Interagieren des Kollektivs außerdem? Welche Möglichkeiten bieten sich hier? Neben den oben erwähnten Spielweisen sowie der schlichten Unterscheidung, ob man spielt oder nicht, bietet es sich an, die Gruppe aufzuteilen und Untergruppen zu bilden.

Gegebenenfalls muss sich eine Untergruppe entscheiden, ob sie für sich allein oder als Teil des Ganzen agieren will. Wessen musikalische Zustimmung ist dafür notwendig? Inwiefern ist mein Verhalten, meine Idee abhängig von der einer anderen Person? Ordnen wir uns gemeinsam einer musikalischen Aktion unter, die untergehen würde, wenn jemand nicht mehr mitmacht (z.B. ein gemeinsamer Bläserakkord, Bass/Schlagzeug Groove)? Löst sich jemand von der Idee oder spielen alle konform weiter, um die gemeinsame Musik in Gang zu halten?

In diesem Zusammenhang treten gelegentlich auch Hierarchien zutage, die zum Teil auf der Instrumentierung beruhen. In der Reflexion ist zu fragen, wie sehr sie aus dem kollektiven Spielverhalten resultieren und/oder aus irgendwelchen musikalischen Klischees bzw. Archetypen.[39]

---

38 Vgl. John Cage, David Tudor (1992): *Indeterminacy* (CD). Washington DC, Smithsonian Folkways. Oder auch die CD Studer/Frey (2018): Zeit (mit Peter K Frey, Daniel Studer, Kontrabass, Alfred Zimmerlin, Cello, Jürg Frey, Klarinette) bei Leo Records

39 Um einzelne Aspekte der Gruppenorganisation in Gestalt und Wirkung genau zu beobachten, vgl. Kasten «Orientierung in der Gruppe, Kapitel Wahrnehmung / Orientierung».

Zeichengeben

Die sichtbare Präsenz der Mitwirkenden im Kollektivspiel ist ebenfalls zu beachten. Denn bei Mitspieler*innen wird nebst den Bewegungen an und mit dem Instrument auch ihre grundsätzliche Körperhaltung, Gestik und Mimik wahrgenommen. Zum Beispiel gibt ein Bogenstrich, ein Einatmen oder das Ausholen mit einem Schlagzeugschlegel Auskunft über die angestrebte Phrasierung, Pausen- oder Akzentsetzung. Dieser Bereich hat ein kommunikatives Potenzial. Mit Blicken oder Kopfbewegungen werden (bewusst oder unbewusst) Signale ausgesendet, die für einen nonverbalen Kommentar oder für eine Aufforderung zum Spiel stehen. Die Nuancen sind einerseits vielfältig, werden aber andererseits von den Mitwirkenden ganz unterschiedlich wahrgenommen. Die einen sprechen vom Typ her mehr, andere weniger auf einen solchen Austausch an. Hinzu kommt, dass aus den Bewegungen der Mitwirkenden Signale herausgelesen werden können, die manchmal ganz klar, manchmal möglicherweise jedoch gar nicht als solche gedacht sind (ein Blick, eine Kopfbewegung, ein Zurechtrücken auf dem Stuhl etc.). Es geht hier nicht darum, einen Verhaltenskodex auszumachen, sondern sich dieses Aspekts bewusst zu werden. Was sind die Erwartungen der Zeichengebenden? Die anderen müssen nicht auf ihre Zeichen reagieren, denn sonst wäre ihre Entscheidungsfreiheit eingeschränkt. Aus diesem Grund stehen viele Improvisierende solchen Aufforderungen eher ablehnend gegenüber. Etliche Gruppen agieren deshalb, so scheint es von außen, quasi mit geschlossenen Augen – und mit dafür umso offeneren Ohren.[40]

Dirigierte Improvisation / Conducting

Die Idee, eine Improvisation mit Handzeichen zu beeinflussen, ist nicht neu. Der Bandleader Sun Ra benutzte seit den sechziger Jahren die Gestik, um seine Ideen in Echtzeit seinem Arkestra zu vermitteln und den Verlauf seiner Musik zu beeinflussen. Bereits lange vor ihm wurde klassische Musik und Big Band dirigiert und zeigten Bandleader den nächsten Solisten an oder, wann der Schluss erfolgt. Doch seit den Siebzigern werden auch freie Improvisationen angeleitet. Butch Morris entwickelte ein System von ca. zwanzig Zeichen, mit denen er (mit Taktstock!) eine improvisierende Gruppe rigoros anleitete[41] Frank Zappa trainierte seine Band auf verschiedenste Zeichen hin. John Zorn entwickelte seine Spielstücke wie zum Beispiel «Cobra» zur größeren Interaktivität inklusive Guerillafunktion. Die Saxophonistin Lotte Anker führt heute Gruppen auf diese Weise an, die Bratschistin Charlotte Hug, ebenso Fred Lonberg-Holm sein

40 Vgl. Kasten «Dirigierte Improvisation / Conducting».
41 Abgefragt von http://www.conduction.us (3.7.2019).

Lightbox Orchestra, bei dem jeder*m Mitspieler*in eine farbige Lampe zugeordnet ist.

Am bekanntesten in akademischen Kreisen ist wohl Walter Thompson, nicht zuletzt durch das sogenannte Soundpainting mit einem quasi standardisierten Repertoire an Zeichen und Gesten, das international von vielen Leuten angewendet wird.[42] Das Erlernen der Zeichen ist für Anleitende und Ausführende nicht zu unterschätzen. Butch Morris war bekannt für seine strenge Probendisziplin. Der Erfolg einer «Conduction »oder eines «Soundpaintings» ist jedoch direkt abhängig von der Virtuosität, wie mit solchen Regeln umgegangen werden kann.

Es ist interessant zu sehen, dass bei erfolgreichen Dirigaten die dirigierende Person oft nicht notwendigerweise einen eigenen Plan verfolgt, sondern als «Ermöglicher» [Enabler] fungiert, also Tendenzen der Gruppe und der Musik wahrnimmt und diese unterstützt. Dies führt zu besseren Ergebnissen, als wenn eine einzelne Person ihren Willen einer Gruppe von Improvisierenden aufzudrücken versucht. Ein Dirigat ist also nicht die vermeintlich einfache Möglichkeit für faule Komponist*innen, ein Stück Musik zu gestalten, sondern eine Gruppenfunktion, in deren Dienst die dirigierende Person steht.

Mitglieder des Orchesters haben zwei wesentliche Punkte zu beachten, die auch für andere musikalische Zusammenhänge gelten: Im Zweifel, spielt weiter. Versucht also musikalische Probleme musikalisch zu lösen statt einfach aufzugeben. Und: Nicht rein- oder rausschleichen. Also die Verantwortung wahrnehmen für das eigene Handeln, selbst wenn diese scheinbar von jemandem vorne auf dem Podest übernommen wird. Ein*e Dirigent*in braucht Inputs von Interpret*innen, mit denen sie/er gut arbeiten kann, nicht nur Ausführende.

Die dirigierte Improvisation, anhand einer Technik wie zum Beispiel jener von Walter Thompson, soll hier nicht in die Tiefe diskutiert werden. Es gilt jedoch, auf einige Aspekte hinzuweisen, die im Unterricht der Freien Improvisation eine Rolle spielen bzw. Anwendung finden können. Einzelne Zeichen aus diesen Systemen sind in der Unterrichtspraxis durchaus nützlich.

Allgemein hat sich in der Praxis eine bestimmte Reihenfolge der Zeichen bewährt. Zuerst wird von einer dirigierenden Person angezeigt, wer etwas tun soll, dann was, dann wie, bevor das «Los!»-Zeichen gegeben wird. Zum Beispiel wird erst auf die Blechbläser gezeigt, dann folgt das Zeichen für kurze Töne, dann ein Regler-Zeichen für die Lautstärke. Und los!

Um eine frei improvisierende Gruppe im Unterricht zu gewissen musikalischen Ergebnissen zu führen, reichen bereits einige wenige (parametrische) Zeichen aus wie jene für kurze/lange Töne, hoch/tief, laut/leise, etc. So kann zum Bei-

42 http://www.soundpainting.com/ (3.7.2019).

spiel ein einfacher gemeinsamer Hintergrund für ein Solo generiert werden. Solche Zeichen sind oft intuitiv und werden auch so verstanden. Mit mehr Erfahrung oder Kenntnis der bestehenden Systeme können diese differenzierter angewendet werden. Ein spontanes einfaches «Los!» mit dem Zeigefinger zu einer Spielerin bzw. einem Spieler, also reines Startzeichen ohne was und wie, kann sehr hilfreich sein.

Im Unterricht nützlich ist insbesondere ein anderes intuitiv eingesetztes Zeichen: das Vorwärtsrollen des Zeigefingers, ein aufforderndes «Weiter, weiter!», «Dranbleiben!» oder «Entwickeln!», das auch während einer Improvisation gegeben werden kann, ohne diese zu unterbrechen. Dabei gilt es natürlich für die Lehrperson sehr achtsam zu sein und nicht zu sehr Einfluss von außen nehmen zu wollen. Doch auffordernde Zeichen wie dieses werden verständlicherweise besser entgegengenommen als bremsende (etwa das Stopp-Zeichen mit der flachen Hand). Im Fokus steht die Tendenz, einen musikalischen Gedanken zu früh zu verlassen, eine Erkenntnis, wie sie an anderer Stelle des Unterrichts (zum Beispiel beim Anhören von Aufnahmen der gespielten Improvisationen) vielleicht bereits vertiefter gemacht wurde. Das Zeichen ist dabei praktisch und, ohne dass es Spielfluss unterbricht, schnell anwendbar.

Weitere unter Umständen nützliche Zeichen sind das «Chaos-Zeichen» (bei dem alle für eine kurze Zeit so laut und so wild spielen müssen, wie sie können, zum Beispiel mit herumflatternden Händen), ein Schlusszeichen, ein Wechselzeichen, ein Memoryzeichen (merkt Euch, was gerade läuft, und reproduziert es auf ein anderes Zeichen hin), ein Kopierzeichen (spielt wie dieser Mitspieler), usw. Das Anleiten einer Gruppe ist für Studierende eine wichtige Erfahrung und birgt viel Potenzial. Mit genügend Zeit kann ein eigenes Zeichensystem entwickelt und geübt werden.[43]

Als Anregung: Ein weiteres Zeichen, dass zum Beispiel in Diskussionsrunden als Form von nonverbaler Kommunikation eingesetzt wird, ist das Wedeln beider Hände in der Luft, als eine Form stummen Beifalls. Damit wird auf einfachste und nicht invasive Weise Zustimmung signalisiert. Es geht um die direkte Rückmeldung (bei Entscheidungsprozessen). Im Kontext der Vermittlung der freien Improvisation kann es sinnvoll sein, dieses Zeichen einzuführen, um als Lehrperson ein schnelles Feedback während des Spiels geben zu können, zum Beispiel in einem langen Stück nach einer besonders geglückten Stelle oder beim Anhören einer Aufnahme, ohne den Verlauf zu stören und das ganze Stück erst abwarten zu müssen. Anders als obige Zeichen hat dieses keinen direkten Einfluss auf die Musik, sondern ist ein Hilfsmittel der Reflexion.

---

43 Ähnliche Konzepte und weiterführende Informationen finden sich auf der Webseite *Interdisciplinary Instant Composition, to define, share and develop concepts of improvisation*: https://instantcomposition.com (abgefragt am 3.7.2019).

Verhalten / Spielhaltung

Das Verhalten während des Spielens ist wesentlich davon bestimmt, welche Haltung man zuvor einnimmt, wie offen man sich zeigt und wie viel man zu investieren bereit ist. Welche Voraussetzungen also sind notwendig für ein gelingendes freies Improvisieren? Eine wache physische Präsenz, Intuition, Flexibilität und die Offenheit im Umgang mit Spielstrategien und Funktionen.

Präsenz

Musik ist lebendig, weil sie mit der körperlichen Präsenz des Spielenden kongruent ist. Gemeint sind: Das bewusste Wahrnehmen von Meldungen der Haut, der Muskeln, Sehnen, Gelenke; das Wahrnehmen der Temperatur, der Regulierung von Körperspannungen, der feinmotorischen und koordinativen Fertigkeiten sowie der Geschicklichkeit; das Wahrnehmen der Atembewegung und -spannung. Körperliche Präsenz soll in den Fokus rücken, soll Anlass und Aufschluss geben für das interaktive Spiel. Der Grad der Präsenz kommt im Spiel zum Ausdruck und kann sich auf den Spannungsgrad der Mitspielenden übertragen.

Um die physische Präsenz zu optimieren, sind musikalische und körperliche Bewegungsanreize hilfreich. Das können ganz einfache Spiel- oder Übungsanordnungen sein[44], die primär die Beweglichkeit fordern, die den Blutkreislauf anregen und den Tonus erhöhen. Solche Spielformen fördern die Präsenz besonders, wenn sie mit sinnlichen und geistigen Herausforderungen kombiniert werden – etwa mit unterschiedlichsten Aufwärmübungen, wie man sie von Theater, Tanz und Sport bestens kennt.

Die Präsenz lässt sich aber auch durch die Anwendung musikalischer Spielübungen wie durch das «Phasenspiel» nach Lilli Friedemann[45] oder Kreisspielformen aller Art[46] steigern. Gleichzeitig spielen diese mit musikalischen Regeln respektive Parametern und bilden so ein Übungspotenzial, das für die Freie Improvisation direkt nützlich ist.

44 Vgl. Kasten «Bewegung».

45 Vgl. Kasten «Phasenspiel».

46 Vgl. Kasten «Kreisspiele».

Reaktionsspiele

Selbstverständlich gibt es unzählige Übungen, von Kinderspielen bis hin zu professionellem Training von Schauspieler*innen, die die schnelle Reaktion herausfordern und trainieren. Hier soll stellvertretend nur eine einfache Grundübung gezeigt werden, die sich jedoch sehr bewährt hat und schnell zu einem guten Ergebnis führt.

Die Teilnehmer*innen stellen sich im Kreis auf (ohne Instrumente) und schließen die Augen. Irgendjemand aus der Gruppe klatscht einmal in die Hände. Die anderen versuchen schnell zu reagieren. Dabei muss nicht laut geklatscht, jedoch möglichst schnell reagiert werden. Darauf kann eine andere Person eine «Klatschballung» auslösen. Dabei kann es zur Gruppenstrategie werden, dass das Klatschen in eine Regelmäßigkeit gebracht wird. Nützlich sind jedoch möglichst unterschiedlich lange Pausen.

Die Gruppe wird dadurch in jene aufmerksame, fast lauernde Spannung versetzt, die eine schnelle Reaktion erst möglich macht. Diese Haltung ist auch in einer Improvisation wünschenswert, um möglichst wach Entscheidungen fällen zu können. Diese Übung kann auch dazu dienen, eine müde Gruppe zu wecken.

Weiterführend kann eine Improvisation (mit den Instrumenten) auf diese Weise begonnen werden. Alle sollen gemeinsam anfangen, jedoch ohne Zeichen oder lautes Einatmen.

Noch anspruchsvoller wird es, wenn ein Stück auf diese Weise begonnen und auch so beendet werden soll, d.h. alle spielen immer durch und müssen gemeinsam den Schlussmoment finden. Neben der geforderten Aufmerksamkeit und Reaktionsschnelle wird dabei die Wahl von geeignetem Material thematisiert.[47]

47 Vgl. hierzu den Kasten «Phasenspiel», bzw. das Kapitel «Musikalische Aspekte/Form/Schlussfindung».

Intuition

Intuition ist ein Verhaltensansatz, der bei musikalischer Improvisation sicher eine wesentliche Rolle spielt. Er meint nicht ein permanent bewusst kontrolliertes Handeln, das auf Analyse oder Reflexion basiert. Es geht vielmehr um ein Handeln, Agieren, Ahnen, Einschätzen oder Beurteilen, das auf Identität und Verbundenheit mit einer Sache beruht. Vor dem Hintergrund dieser Identität entsteht Vertrauen ins eigene Spiel, das Vertrauen, sich auf Unvorhergesehenes einzulassen[48]. Je mehr Identität und Verbundenheit, umso stärker sind erfahrungsgemäß die intuitiven Impulse. Diese Impulse, die sich stark auf der körperlichen Ebene entwickeln und etablieren, werden allerdings auch permanent der musikalischen respektive interaktiven Prüfung unterzogen. Sie sind nicht Garantie für Qualität, zumal diese ohnehin der individuellen Beurteilung ausgesetzt ist. Intuition kann täuschen.

Intuitive Impulse sind wichtige Basis für eine authentische Handlungsfähigkeit. Sie müssen ihren Raum haben, damit Musik geschehen kann, sie sollen aber gleichzeitig auch durch ein waches Reflektieren ergänzt werden. Ziel ist, dass diese beiden Ebenen – man kann sie auch Emotion und Intellekt nennen – in guter Balance wirksam sind.

Intuitives Handeln entscheidet allerdings noch nicht darüber, welche musikalischen Ergebnisse erfolgen. Beim intuitiven Reagieren auf ein bereits bestehendes Spiel kann sich ein ähnliches oder auch ein kontrastierendes Spiel ergeben. Erfahrungsgemäß findet das Bedürfnis zu imitieren öfters statt als ein Dagegen-Spielen. Der Aspekt ist aus dem Alltag bestens bekannt: Unbewusste Imitation von Körpersprache zeugt von einem Hang nach Verbundenheit ähnlich dem imitatorischen Spiel beim Improvisieren.

Flexibilität

Flexibilität (aus lat. flectere für «biegen» oder «beugen») bezeichnet: Anpassungsfähigkeit an wechselnde Umstände. Sie ist möglicherweise eine der wichtigsten Eigenschaften, die ein*e Musiker*in beim freien Improvisieren in einer Gruppe braucht. Gemeint ist auch das Tempo bezüglich Wahrnehmung, Beurteilung und Handlung in einer unvorhergesehenen Situation. Beweglichkeit und Biegsamkeit müssen allerdings nicht bedeuten, dass die eigene Vorstellung des musikalischen Verlaufs jederzeit aufgeben werden muss. Es geht um das Abwägen und Einschätzen und das – je nachdem mehr bewusste oder mehr intuitive – Agieren.

Flexibilität kann in einem Duo-Spiel oder auch in größeren Formationen geübt werden, bei welchem jede*r mit einfachem Material und gleichförmig spielt. Dabei

48 Vgl. den Abschnitt «Vertrauen und Verantwortung».

versucht man, gemeinsam schnelle Wechsel im Charakter des gemeinsamen Spiels zu machen.[49]

Spielstrategie / Funktion

Strategie klingt nach gezieltem Plan und Realisation – dies gilt zumindest für Spiele oder Spielformen, die «Sieg» und «Niederlage» kennen und denen somit in jeder Situation eine Auswahl von Handlungen (Spielzügen) auf dem Weg zum Ziel zur Verfügung stehen. Strategie kann man als übergeordnet gedachtes Vorhaben betrachten. Der Begriff «Taktik» bezeichnet eine eher unmittelbare Absicht. Bei Freier Improvisation, die das Mögliche im Kollektiv formt und bei der jegliches Ergebnis so angenommen werden muss, wie es sich ereignet, erhalten diese Begriffe eine etwas andere Dimension. Es geht um die Auslegung von Möglichkeiten im Spielverhalten, vor allem bezüglich der Funktion, die man momentan im Spielverlauf einnimmt, also um das Initiieren, Führen, Folgen, Begleiten, Mitspielen, Dagegenspielen, Kommentieren, Unterstützen.

Zum einen ist es problematisch, wenn man längerfristig versucht, eine bestimmte, vorherbestimmte Spielstrategie zu verfolgen, da man sich damit unweigerlich die Möglichkeiten nimmt, in jedem Moment offen und spontan reagieren zu können. Zum anderen kann es im Sinn einer Fokussierung (und einer Übung) durchaus sinnvoll sein, sich eine Strategie oder kurzfristig eine Taktik vorzunehmen, etwa um die Musik in eine Richtung zu lenken oder eingefahrene Muster (evtl. auch unbewusste Spielstrategien) zu durchbrechen.

Die folgenden Übungen sind für ein Duo bestimmt, lassen sich gegebenenfalls aber auch auf größere Formationen ausweiten.

Übung: Spielt im Duo, möglichst ähnlich oder abweichend, ohne vorausgehende Absprache.
Übung: Spielt ein Duo, vereinbart zuvor, wer führt, wer begleitet. Spielt anschließend ein «gleichberechtigtes» Duo.

Ziel ist das Bewusstwerden der Spielfunktionen und das entsprechende Umsetzen bestimmter Spielstrategien.

Um eine bestimmtes Interaktionsverhalten zu üben, eignen sich Spielformen im Duo sehr gut. Das wache Wahrnehmen aller noch so kleinen Spielbewegungen wird in dieser Kleinbesetzung gut erprobt und ist beste Voraussetzung für ähnliche Spiel-

49 Vgl. Kasten «Schnelle Wechsel».

weisen in größeren Formationen. Beim einen Duo-Spiel wird vereinbart, wer welche Funktion übernimmt, beim anderen nicht. Jemand führt, jemand folgt wie ein Schatten, möglichst nah am Verlauf des Partners. Weiter eignen sich Duo-Formen, bei denen jemand führt und der Duopartner stets kontrastierend folgt. Die anderen hören zu und beantworten Fragen wie: Welche Spielweise zeichnet die Führungsfunktion aus? Wie kann begleitet werden (kontrastierend, kommentierend)? Die Beobachtungen sollen sich auf Kriterien wie Dichte, Lautstärke, Instrumentalklischees, etc. beziehen.

Vertrauen und Verantwortung

Die Unvorhersehbarkeit, die den Kern der Freien Improvisation ausmacht, kann für Anfänger verwirrend oder gar beängstigend sein. Man weiß nicht, wohin die Reise geht, und schwimmt im Strom des Geschehens mit, ohne selber das Ruder in die Hand zu nehmen. Bei größeren Gruppen tritt so niemand in den Vordergrund. Alle spielen nur mit, ohne Akzente zu setzen. Das Ergebnis ist ein gleichförmiger musikalischer «Bandwurm», gute und erfreuliche Ergebnisse sind dabei eher zufällige Ausnahme.

Der Mut zum eigenen Spiel fehlt. Unerfahrenheit führt dazu, dass dieser Mut zu wenig ausgeprägt ist. Man hat vielleicht eine Anfangsidee, würde jedoch am liebsten sofort wissen, wie diese weitergeführt werden soll. Die anderen Mitspielenden werden dabei zum Unsicherheitsfaktor, weil man nicht davon ausgehen kann, dass die eigene Idee aufgenommen oder überhaupt verstanden wird. Das lähmt. Dabei wäre im Kern der Freien Improvisation auch die Möglichkeit angelegt, auf alles zu reagieren: Der musikalische Gedanke kann und soll beim Spielen entwickelt werden[50]. Diese vertrauensbildende Grunderfahrung muss jedoch erst einmal gemacht werden. Daher ist es in einer Freien Improvisation notwendig, die Geborgenheit der Vorhersehbarkeit, auf die nicht nur die kommerzielle Pop-Industrie mit ihrem hohen Wiedererkennungsgrad setzt, zu verlassen, um in jedem Moment frei und offen für neue Entscheidungen und mögliche Richtungswechsel zu sein. Eine gute Feedback-Kultur ist dabei von zentraler Bedeutung, denn sie schafft Vertrauen.[51]

In Theaterstücken, Filmen, Büchern, etc. erwarten wir Überraschungen geradezu. Allerdings wird dabei ein hoher Grad an Bekanntem vorausgesetzt, damit wir einer Geschichte folgen wollen und eine Überraschung überhaupt als solche erkennen. Ist die Überraschung größer als erwartet, lehnt das Durchschnittspub-

50 Vgl. den schönen Titel des Aufsatzes *Über die allmähliche Verfertigung der Gedanken beim Reden* von Heinrich von Kleist (Diehlmann, Frankfurt am Main 1999), sowie Karl Kraus' Satz: «Man nehme den Gedanken beim Wort und dann kommt er» (Leipzig, Verlag der Schriften von Karl Kraus, Kurt Wolff, 1919).

51 Siehe Kapitel «Reflexionsaspekte».

likum die Geschichte ab. Auch in komponierter Musik werden selbstverständlich Überraschungsmomente eingesetzt – häufig sehr gezielt. In der Freien Improvisation ist sie jederzeit möglich. Gerade dazu fehlt jedoch häufig der Mut, da ein solch einschneidender Moment nicht mit den Mitspielenden abgesprochen werden kann und diese ebenso überrascht. Es fehlt das Vertrauen in die Mitspielenden. Dabei ist es gerade diese Unvorhersehbarkeit, die von Hörer*innen Freier Improvisation besonders geschätzt wird, da man sich sicher sein kann, etwas zu hören, was man so noch nie gehört hat.

Als Zuhörer*in kann man sich fragen, wie weit ein Stück vorhersehbar ist. Kann man die nächste Minute erahnen, die nächsten zwei, drei, fünf Minuten? In der Regel wirkt eine vorhersehbare Improvisation unfrei. Die Gründe dafür sind mitunter im Mut der einzelnen Spieler*innen zu suchen, im Mut ins eigene Spiel, jedoch auch im Vertrauen ins Spiel der anderen und in ihr Vermögen, mit allen erdenklichen Situationen musikalisch umgehen zu können. Das heißt nicht, dass die Spielenden voneinander erwarten, dass nur «Sicherheitsnetze» aufgebaut werden. Gerade erfahrenere Spieler*innen fordern einander gerne heraus und befördern sich so gegenseitig an Orte, wo man noch nie war, mit dem Ziel, eine spannungsvolle Musik zu erzeugen. Jedoch wird die Verantwortung für die jeweilig eigenen Entscheide, für den gesamten Spielverlauf und somit für das Gelingen eines Stückes von allen getragen. Je höher dieser Grad an Verantwortung durch alle Beteiligten ist, umso freier kann eine Improvisation sein und umso weniger riskiert man zu scheitern, auch bei einer größeren Fallhöhe.

Eine Grundbedingung dafür ist die Integrationsbereitschaft aller. Alles, was geschieht, muss erst einmal akzeptiert und als Material erkannt werden, so dass damit auch umgegangen werden kann. Die ablehnende Haltung einer Spielerin oder eines Spielers stellt nicht nur deren oder dessen Beteiligung in Frage, sondern bringt das ganze Stück ins Wanken.

In jeder Zehntelsekunde fällt jede Spielerin und jeder Spieler Entscheide basierend auf dem Gehörten. Die verbesserte Intuition und musikalische Spiel-Intelligenz führen zu rascherer Auffassung und Reaktion, nicht nur in Bezug auf die Art und Weise, wie reagiert wird, sondern auch ob überhaupt. Mit mehr Erfahrung und einem größeren Vertrauen ins eigene Spiel und in das der anderen steigern sich auch die Entscheidungskompetenz und das Reaktionstempo – also die Fähigkeit, Verantwortung zu übernehmen. «Der Zufall trifft nur einen vorbereiteten Geist», sagte Louis Pasteur.[52]

---

52 Original franz.: «Le hasard[, d'ailleurs,] favorise les esprits préparés […].» – Pasteur Vallery-Radot (Hg.): *Œuvres de Pasteur. Band 6: Maladies virulentes, virus-vaccins et prophylaxie de la rage.* Masson, Paris 1933, S. 348).

MUSIKALISCHE ASPEKTE

Das Ziel der Vermittlungsarbeit ist zwar schlicht «gute Musik» – was immer das genau heißen mag.[53] Die Vermittlungsarbeit selber ist aber nicht nur ergebnis-, sondern wesentlich auch prozessorientiert. Es geht im Musizieren, in den Ansagen und Übungen, aber auch in der anschließenden Reflexion darum, die Wahrnehmung zu schärfen, das Erinnerungsvermögen zu stärken, die Spielmöglichkeiten auszuweiten etc. Diese Prozesse sind Ausgangspunkt für immer neue Vorhaben, seien sie frei improvisiert oder seien es spezifische Übungen im Kontext des Arbeitsprozesses. Es gibt unendlich viele gestalterische Möglichkeiten und entsprechend viele Arbeitsansätze. Im folgenden Kapitel haben wir Themenkreise bestimmt und in einer möglichst verständlichen Form geordnet.

Instrumentale Möglichkeiten

Die «Freiheit» bei der Freien Improvisation steht in starkem Zusammenhang mit den instrumentalen Möglichkeiten. Diese machen schnell und klar deutlich, dass Freiheit nicht mit Grenzenlosigkeit und Unerschöpflichkeit (oder gar Beliebigkeit) verwechselt werden sollte. Wir sind mit unserem Instrument verbunden – durch all das musikalische und technische Rüstzeug, das wir mitbringen, durch alles Material, das wir darüber schon hervorgebracht haben, und die Ahnung, was es noch hervorbringen könnte. All dies macht die Palette an Klangmaterial aus, die uns zur Verfügung steht, und setzt zugleich Grenzen. Diesen Fundus zu erweitern, aus ihm zu schöpfen, auszuwählen und damit zu handeln, darin besteht unsere Möglichkeit, unsere Herausforderung und unsere Freiheit.

Vokabular

Das individuelle musikalische Vokabular, als Material, das einem zur Verfügung steht, ist bei Studierenden oft eingeschränkt, sei es durch Hörgewohnheiten, sei es durch fehlende Kenntnis der aktuelleren Musikgeschichte oder mangelnde instrumentale Technik. Umso schwieriger ist es, während des Spiels auf ungewohnte Hörerlebnisse zu reagieren. Ein reduziertes Vokabular kann zwar durchaus zu spannenden Klangereignissen führen, dafür gibt es viele Beispiele in der Geschichte der

53 Vgl. Kapitel «Vermittlungsarbeit/...und Qualität»

improvisierten Musik von Künstler*innen, deren Eigenheit des musikalischen Stils auf streng eingeschränktem Vokabular basiert. Problematisch wird es, wenn das begrenzte Vokabular zum musikalischen Kontext, zum Ideenreichtum, zur musikalischen Kompetenz im Missverhältnis steht.

Übung: Forme traditionelles Spielmaterial, das sich bereits in deinem Vokabular befindet, neu oder stelle es in einen neuen Kontext.

Durch Dekonstruktion und Neu-Kontextualisierung werden neuartige Möglichkeiten aufgezeigt.

Was für Möglichkeiten liegen in der traditionellen Spielweise als Vokabular? Was ist etwa eine Melodie? Kann sie auch aus Geräuschen bestehen? Aus einer Kombination verschiedener Techniken? Das Ziel dieser Übung ist es nicht, gänzlich Neues zu erfahren, sondern von Bestehendem auszugehen und diese Möglichkeiten zu erweitern. Eine konventionell gespielte Melodie kann durch Geräuschhaftigkeit in einen neuen Kontext gestellt und dadurch von «Kitsch» befreit oder überhöht werden. Ziel ist letztlich eine Gleichwertigkeit von Klang und Geräusch als Material bei der musikalischen Gestaltung.

Weiter führen schrittweise Übergänge von Klang zu Geräusch bzw. von einer bestimmten Tonhöhe zum Rauschen mit unterschiedlich vielen Zwischenschritten zu einer größeren Sensibilisierung – vergleichbar mit Piet Mondrians Bildentwicklung vom figurativen Baum zur geometrischen Farbfläche.[54]

Übung: Geht von einem klaren und einfachen Material aus und entwickelt dieses.

Entwickeln von Möglichkeiten und Aufbau von Spannung mit einem klar beschränkten Material, indem bei einer Idee geblieben und diese ausgereizt wird. Bewusstes Führen/Gestalten eines Prozesses von A nach B auf der Basis von Grundmaterialien unter Einbezug klarer parametrischer Entwicklungen.

Es soll anhand von möglichst einfachem und klarem Material (Klang, Geräusch, Motiv, Geste, zum Beispiel ein Tremolo oder Cluster etc.) gearbeitet werden, Dieses Grundvokabular (das man in Anlehnung an Panofsky «vorikonografisch» nennen könnte[55]) lässt sich einerseits kontextuell beliebig kombinieren und andererseits pa-

---

54 Vgl. auch die Kap. «Musikalische Aspekte/Material/ Ton-Geräusch» und «Stille».
55 Vgl. Panofsky, Erwin (1978). *Ikonographie und Ikonologie. Eine Einführung in die Kunst der Renaissance.* In *Sinn und Deutung in der bildenden Kunst.* Köln, Dumont. S. 38ff.

rametrisch entwickeln. Auch ist das bewusste Steuern von Prozessen auf dieser Basis erlernbar[56].

Ansage: Konzentriert euch auf die Klangentstehung am Instrument.
Ansage: Setzt Nebenaspekte der Klangerzeugung bewusst ein.
Ansage: Hört auf das Zusammenwirken unterschiedlicher Klangfarben und Artikulationen und entdeckt dabei die Vielfalt der Details.

Nebenaspekte der Klangerzeugung wie zum Beispiel Einschwingvorgänge, Luft- oder Streichgeräusche, Wasser im Rohr, Anblas-, Anschlag- oder Klappengeräusche etc. werden oftmals nicht als musikalisches Mittel erkannt und ausgeblendet, obwohl sie manchmal sehr dominant sind. Diese sollen bewusstgemacht, kontrolliert und gezielt eingesetzt werden können.

Bei dieser Ansage geht es einerseits um die (ganzheitliche) Wahrnehmung, andererseits um eine Erweiterung der Möglichkeiten im Vokabular aufgrund eigentlich bekannter, jedoch oftmals nur geduldeter und selten ganz kontrollierbarer Phänomene. Beim klassischen Üben eines Instruments versucht man, solche Geräusche zu vermeiden, denn sie gelten als Fehler/Makel. Hier jedoch ist es das Ziel, sie zu kontrollieren und einsetzen zu können. Diese instrumentalen Alltagsgeräusche sollen in die Musik eingebunden werden, denn die quasi mikroskopische Betrachtung der Klangereignisse öffnet ein weites Feld musikalischer Möglichkeiten. Oft finden solche Nebengeräusche vor Beginn des eigentlichen Stücks statt, zum Beispiel ein geräuschhaftes Quietschen der Oboe, das Wasserlösen eines Blechinstruments oder ein Husten. Dies kann die Lehrperson thematisieren. Es soll bewusstgemacht werden, wie ein solches Nebengeräusch oder auch eine Brüchigkeit in der Stimme eingesetzt werden kann – mit dem Hinweis, eine Technik zu entwickeln, die dies zulässt. Solche Eigentümlichkeiten gehören bei erfahrenen Musiker*innen häufig zur Eigenheit ihres Stils.

Ansage: Suche und übe Klänge, die für dich neu sind.

Erweiterung des Vokabulars, Wecken der Neugierde und Sensibilität für ungewohnte Klänge und Techniken.

Am sinnvollsten findet dieses Üben individuell statt, als Teil des gewohnten Übeprozesses. Wenn alle in ihrem Vokabular eingeschränkt sind, können auch allen kurze Zeiträume (zum Beispiel fünf Minuten) angeboten werden, während denen sie

56 Vgl. hierzu das Kap. «Musikalische Aspekte/ Material/ Parametrische Gestaltung von Material».

individuell und intensiv nach neuen Klängen suchen. Daraus ergibt sich Inspiration für ein neues Stück. Instrumentengruppen können sich gemeinsam über ihre Forschungsergebnisse austauschen.

Übung: Benutzt, ausgehend von den elementaren Formen der Klangerzeugung (Streichen, Zupfen, Schlagen, Blasen und Singen[57]), nur jene, die ihr euch nicht gewohnt seid.

Durch ungewohnte Spieltechniken wird das Erforschen des eigenen Instruments sowie der Klänge angeregt.

Beim ersten Versuch entsteht selten «gute Musik», weil der Fokus auf das eigene Spiel rückt und nicht mehr aufs Ganze gehört wird. Bei einem zweiten Versuch soll, wenn nötig, darauf hingewiesen werden. Das eigentliche Ziel besteht darin, die neuen Techniken auf eine selbstverständliche Weise ins eigene Spiel zu integrieren. Je breiter die Palette ist, umso größer die Freiheit, die in der Improvisation bei der Wahl der Mittel erreicht werden kann. Zudem soll die Konzentration auf das Produzieren der Klänge zum Experiment anregen. Schritt für Schritt kommt es zu einer besseren Kontrolle über die neu erworbenen Techniken.

Ansage: Benutze Imitation, um auf neue Klänge zu stoßen.
Ansage: Lass dich von Sprache inspirieren.

Erweiterung des Vokabulars, Ideen generieren. Durch Imitation wird einerseits die Vorstellungskraft gefördert, andererseits die Fähigkeit, Ideen auf dem Instrument oder mit der Stimme umzusetzen.

Imitiert werden können andere Instrumente, Stimme/Sprache[58], Ereignisse des Alltags (insbesondere bieten sich Maschinen- und Baustellengeräusche sowie Naturereignisse wie zum Beispiel Wettergeräusche an) oder elektronische Musik. Es geht um eine möglichst genaue Annäherung an den gehörten Klang, was einerseits eine

---

57 Die elektronische Klangerzeugung bleibt hier weitgehend ausgeklammert. Mit einem schlechten Gewissen, denn die Live-Elektronik spielt in der Geschichte der Freien Improvisation etwa seit der Gruppe MEV (Musica Elettronica Viva) eine wesentliche Rolle, sie wird jedoch bei der Betrachtung eher vernachlässigt – im Gegensatz zu ihrer Rolle in der komponierten Musik. Früh schon haben Improvisator*innen ihre Klänge live moduliert, geschichtet und «verräumlicht». Längst gehören diese elektronischen Geräte und heute der Computer zu den wichtigsten Instrumenten in diesem Bereich, egal, ob dabei neue Klänge generiert, gesampelte eingespielt oder live-aufgenommene Klänge in Echtzeit verarbeitet werden. An der Hochschule würde dies wohl eine zumindest in Teilen modifizierte Vermittlungsarbeit verlangen. In der bisherigen Unterrichtspraxis freilich tauchte die Live-Elektronik bislang eher marginal auf.

58 Vgl. Kapitel «Stimme als Instrument – Sprache als Inspiration».

gute Wahrnehmung voraussetzt, andererseits die Phantasie, wie man sich diesem mit den vorhandenen Mitteln (dem Instrument, der Stimme) annähern kann. Dazu gehört je nachdem auch eine Erweiterung der Spieltechnik.

Ähnliche Technik führt auf einem anderen Instrument nicht zwingend zu einem ähnlichen Klang. Oftmals wird die Methode der Klangerzeugung mit dem Klangereignis verwechselt. So sind Atemgeräusche auf Streichinstrumenten fast besser imitierbar als auf Blasinstrumenten, obwohl die Technik ganz anders ist.

Häufig entstehen neue Techniken auch durch einen Bewegungsimpuls. Das Imitieren dieser Gesten kann zu interessanten Ergebnissen führen, selbst wenn die Klangergebnisse sich in diesem Fall nicht unbedingt ähnlich sind.[59] Imitation lässt sich sehr gut und bis zu großer Präzision in Kreisspielen üben. Auch durch fortlaufende Kontrastierung in einem Kreisspiel kann das Vokabular erweitert werden. Dadurch entstehen spielerisch neue Materialideen.[60]

Übung: Überlegt euch, ob ihr in allen Bereichen genügend Material zur Verfügung habt, und ergänzt es.

Angestrebt ist eine gezielte Erweiterung vernachläßigter Bereiche der individuellen Palette.

Oft mangelt es individuell in bestimmten Bereichen an Vokabular. Hier nun wird gezielt die Forschung angeregt, gegebenenfalls auch in Form eines Katalogs der eigenen Spielweisen. Bedarf kann bestehen in Melodik und Rhythmik oder in extremen Lagen, bei großer Dichte und Dynamik etc.

Ansage: Nutzt Bewegungen zum Finden von Spielideen.

Der Körper soll mit seinen Bewegungsbedingungen (Atmung, Kinästhetik als Gesten und instrumentalbedingte Bewegungstechnik, Haptik als Tastsinn) nicht nur als Basis einer ausdrucksstarken Klangerzeugung, sondern als Fundus für Vokabular- und Materialeinfälle genutzt werden.

Das Nutzen des Vokabulars als Spielmaterial beim Improvisieren geht einher mit dem Moment des Intuitiven, des Einfalls. Dieser Einfall ist geknüpft an die Verbindung zum Instrument, durch die der Einfall sich klanglich äußert. Dabei sind die gewohnten Bewegungen des gesamten Körpers inklusive die der spezifischen Instrumentalbehandlung automatisch aktiv, sowohl klein- als auch großmotorisch. Des Weiteren kommen Bewegungen dazu, die Ausdruck des Gestaltens sind. Das

59 Vgl. Kasten «Bewegung».
60 Vgl. Kasten «Kreisspiele».

bewusste Einsetzen untypischer Bewegungen aus ganz anderen (Bewegungs-)Situationen heraus kann zum Entdecken von neuen Klängen führen. Diese Bewegungen sollen keine tänzerische oder gar szenische Bedeutung haben. Sie dienen lediglich dem forschenden Spiel.[61]

Igor Strawinsky über sein Stück *Piano-Rag-Music*, komponiert 1919:

> [...] und weil meine Finger solchen Spaß daran hatten, habe ich das Stück geschrieben. [...] Man soll die Finger nicht verachten, sie geben uns viele Anregungen, und im Kontakt mit dem klingenden Instrument erwecken sie Ideen, die im Unterbewusstsein schlummern und sonst verborgen bleiben würden.[62]

Spezifisch in der elektronischen Musik gibt es eine Tendenz, in der Körpergesten zur Klangerzeugung thematisiert werden. In der hier besprochenen Unterrichtspraxis spielt dies jedoch kaum je eine Rolle.[63]

Bewegung

Musik ist Bewegung – Bewegung ist Musik. Diese Aussage ist ebenso fundamental wie lapidar. Beide Phänomene basieren auf ein und demselben menschlichen Wesenszug, der zum einen das Optische und zum andern das Akustische beschreibt. Bewegung als Urform von Lebendigkeit bildet die Basis des Tanzens. Jegliche Ausführung musikalischen Ausdrucks bedarf der Bewegung – Bewegung im Sinne von Körperfunktion und Technik, aber auch im Sinne von Regung, Emotion.
Die untrennbare Verbindung zwischen Musik und Bewegung muss immer wieder betont werden. Unser Körper ist die Basis, wenn wir auf herkömmliche, nicht auf elektronische Weise Töne und Geräusche produzieren, aber auch beim Hören, wenn wir Gestaltverläufe wie Gesten, Figuren, Motive, Melodien, Rhythmen, Formentwicklungen etc. sinnlich nachvollziehen und als lebendige Beweglichkeit wahrnehmen. Auch bei Musikformen wie «Minimal Music» oder elektronischer Musik spielt unsere körperliche Wahrnehmung eine Rolle. Wir empfinden bei solcher Musik bezüglich des Bewegungsausdrucks Weite, ja fast

61 Selbstverständlich sind Schlagzeuger*innen prädestiniert für diese Art der gestischen Ideenfindung. Auch auf dem Klavier bietet sich dies an, speziell gut zu beobachten z.B. bei Michel Wintsch, Jacques Demierre und vielen anderen. So entwickelte zum Beispiel der Pianist Borah Bergman speziell seine linke Hand und spielte oft mit gekreuzten Armen, um neue Ideen zu entwickeln. Vgl. https://www.allaboutjazz.com/borah-bergman-you-must-judge-a-man-by-the-work-of-his-hands-borah-bergman-by-aaj-staff.php#.UITjZa6Zb4s

62 Strawinsky, Igor (1937). *Erinnerungen* (dt. von Richard Tüngel). Zürich: Atlantis Verlag. S. 108.

63 Vgl. Kasten «Bewegung».

Unnahbarkeit, gerade weil wir sie in kontrastierendem Verhältnis zu unserem Atemzyklus oder anderen typischen Bewegungsmustern hören.
Körperliche Frische und Beweglichkeit ist in vielen Fällen eine gute Voraussetzung für eine hohe Spielpräsenz. Je nach Tageszeit und Verfassung empfiehlt sich ein Warm-up, um den Körper in Bewegung zu bringen.

Kinästhetische Übungen
– Im Raum herumgehen, gleichzeitiger Bewegungsstopp aller, ohne dass dies jemand bewusst anzeigt. Nach einer gemeinsamen Ruhepause gleichzeitiger Bewegungsstart ohne Ansage.
– Gleiche Übung, wobei sich aber während der Bewegungsphase das Schritttempo verändert.
– Wahrnehmung der Atembewegung: spezifische Atemübungen (z.B. schnelles, unregelmäßiges Atmen zu bewegtem Spiel; langsames, klares Atmen zu bewegtem Spiel etc.) als Impuls für das musikalische Spiel nutzen.

Taktile Übungen
– Tastspiele am Instrument mit geschlossenen Augen

Auditive Übungen
– Auf Umgebungsgeräusche hören und diese als Bewegungs- respektive Spielimpulse nutzen
– Bewegungsrichtung einer Klangquelle mit geschlossenen Augen nachzeigen

Visuelle Übungen
– Beobachten und Nachahmen von kleinen und großen Körperbewegungen – etwa in Form von Partnerübungen (Spiegelbewegung) in einer Warm-up-Phase zu Beginn einer Lektion.
– Bewegungen imitieren und auf das Instrumentalspiel übertragen
– Visuelle Übungen dieser Art können in das Kollektivspiel mit den Instrumenten integriert werden. Bewegungen von Mitspielenden können als Zeichen oder Signale gelesen werden und im eigenen Spiel eine Reaktion (rhythmisch, dynamisch, klanglich) erhalten.
– Blicke: mimisches und gestisches Agieren kann impulsgebend eingesetzt werden. Dies kann dann funktionieren, wenn Mitspielende diese Zeichen als Signale verstehen und darauf reagieren.
– Bewegungsqualität beim «Conducting»: Neben den vereinbarten Zeichen und Signalen, welche bestimmte Spielformen auslösen, kann auch die allgemeine Körpersprache gelesen und spielerisch umgesetzt werden.

Instrumentaltechnik / Erweiterte Spieltechniken

Die meisten Improvisator*innen benutzen in irgendeiner Form erweiterte Spieltechniken. Es scheint einen klaren Zusammenhang zu geben zwischen dem Drang zur improvisierenden Kreation und der Suche nach neuen Instrumentalklängen und innovativen Techniken. Diese erweiterten Spieltechniken ergänzen das herkömmliche Material, erweitern so die Wahlmöglichkeiten des gesamten instrumentalen Spielraums und überwinden die Stilgebundenheit einer bestimmten Spielweise. Im Folgenden werden verschiedene Möglichkeiten aufgezeigt, um die Studierenden (zusätzlich zur obigen Vokabular-Suche) auf einer technischen Ebene zu einer erweiterten Klangforschung am Instrument anzuregen.

Ansage: Höre und analysiere Spielmaterial neuerer Musik.
Ansage: Bilde dich weiter in zeitgenössischen Spieltechniken.
Ansage: Gehe auf die Suche nach Musiker*innen deines Instruments aus den Bereichen Neuer Musik und Improvisation.

Dank erweiterten persönlichen instrumentaltechnischen Möglichkeiten entstehen neue Ideen, die sich entsprechend leichter umsetzen lassen.

Oftmals ist das aktuelle Musikgeschehen viel zu unbekannt. Eine Auseinandersetzung damit führt zu einer größeren Offenheit und damit zu einer Sicherheit in verschiedenen improvisatorischen Kontexten. Hilfreich sind gut ausgewählte Beispiele und Hinweise durch die Dozierenden, in welche Richtung gesucht werden soll.[64] Ausgewählte und stilistisch vielfältige Hörbeispiele können, gezielt eingesetzt, zu guten Ergebnissen führen. Dabei geht es nicht darum, einer Gruppe eine bestimmte Ästhetik aufzuzwingen, sondern darum, Möglichkeiten aufzuzeigen, Zusammenhänge zu schaffen und Diskussionen anzuregen.

Ein breites Wissen führt zu interessanten (ästhetischen) Vergleichen mit konkreten Stücken der improvisierenden Gruppe, dies wiederum zu einer größeren Selbstsicherheit. Auch Konzertbesuche führen durch das unmittelbare Live-Erlebnis oftmals zu wichtigen Erkenntnissen. Selbstverständlich kann auch Musik aus anderen Kulturen inspirierend wirken.

Für alle Instrumente gibt es außerdem Spielkataloge der zeitgenössischen Spieltechniken, die (unter Umständen mit Hilfe der Hauptfachdozierenden) zur Aktualisierung der individuellen Techniken beitragen.

Die zuhause geübten Techniken sollen auch im Gruppenspiel eingesetzt werden. Oft bietet eine Improvisationsgruppe gute Möglichkeiten, um neue Techniken

64 Die Lehrperson kann eine Liste improvisierender Musiker*innen zusammenstellen – als Anregung zur individuellen Youtube-Recherche.

zu erproben. In einer Improvisation entstehen unter Umständen auch Ideen für neue Techniken, die dann zuhause wiederum geübt werden können.

Ansage: Entwickelt eure Technik und durchbrecht dabei eure instrumentalen Gewohnheiten.

Steigerung des Bewusstseins für die eigenen instrumentalen Klischees und größere Freiheit im Umgang mit den zur Verfügung stehenden Möglichkeiten.

Jedes Instrument hat seine Klischees. Einerseits sind diese rein technisch vom Instrument gegeben, andererseits funktional begründet. Musiker*innen mit eher solistisch eingesetzten Instrumenten oder der Stimme haben mitunter Mühe, eine Begleitfunktion zu übernehmen. Dies liegt einerseits am Aspekt der Positionierung in einer Improvisation[65], andererseits an technischen Details wie Artikulation und Klanggebung. Ein Flügel oder eine Tuba haben ein gewisses klangliches Gewicht und gewinnen dadurch an Dominanz. Wie lässt sich dies (zum Beispiel durch Präparationen, Dämpfer oder sonstige Klanganpassung, aber auch durch die Spielweise) verändern? Ein weiteres Beispiel ist das Vibrato, das insbesondere bei Streicher*innen häufig unbewusst eingesetzt wird, direkt auf eine romantische Spielweise hinweist und zudem solistisch wirkt. Das Weglassen des Vibratos ermöglicht eine Öffnung der Spielweise in ganz andere Richtungen. Meist genügt es, auf solche instrumentalen Klischees aufmerksam zu machen, damit eingespielte Muster bewusster eingesetzt (oder vermieden) werden können.

Material

Jeder Ton – oder allgemeiner: jedes *Material* – kann aufgrund der Aspekte Tonhöhe, Tondauer, Artikulation, Klangfarbe, Dynamik, Positionierung im Raum definiert und entwickelt werden. Mit Material ist ein Ton, ein Geräusch, ein Motiv oder eine Spielgeste gemeint – vielleicht vergleichbar mit einem Laut, einem Wort oder einer Redewendung in der Sprache.[66] Die Bewusstseinsbildung für die Komplexität der Gestalt dieses Materials ist ein wesentlicher Bestandteil der Arbeit. Kleinste Nu-

65 Vgl. Kapitel «Verhalten/Spielhaltung».

66 «Verse macht man nicht mit Ideen, man macht sie mit Worten», erwiderte der Dichter Stéphane Mallarmé dem Maler Degas, der sich außerstande fühlte, in der Dichtung zu erreichen, was er sich vornehme, obwohl er so viele Ideen habe. Zitiert nach: Paul Valéry (2002), *Variété III, IV et V*. Paris, Gallimard – folio essais. S. 671 (Übers. von den Autoren).
Auch in der Freien Improvisation geht es in erster Linie darum, musikalische Fakten zu schaffen, nicht mit Gedanken, sondern mit Material.

ancierungen von nur einem der sechs genannten Aspekte können die musikalische Wirkung stark verändern. Vielleicht ist der Beobachtungsfokus auf Details deswegen so wichtig, weil durch das Aufeinandertreffen von Materialien mehrerer Mitwirkender erfahrungsgemäß ohnehin schnell eine große oder gar zu große Dichte entsteht. Die Einschränkung auf das rudimentäre Ausgangsmaterial bietet genug interaktiven Spielraum und ermöglicht eventuell durch die Einfachheit eine unmittelbarere Klarheit in der Interaktion.

Materialdichte

Im Rahmen von Kollektivimprovisation ist die «Dichte» ein zentrales Thema: Das Nebeneinander von musikalischen Ereignissen in einem bestimmten Zeitraum. Je klarer wir alle Einzelereignisse in einer Situation mit hoher Dichte kennen oder wiedererkennen, desto besser und vor allem schneller können wir sie im Einzelnen und im Gesamtzusammenhang erfassen. In einer Brahms-Sinfonie, deren «Sprache» wir kennen, verstehen wir das motivische Material, die Klangqualität aller Instrumente, die harmonischen und formalen Entwicklungen und erleben diese Musik, die beileibe eine sehr hohe Dichte anbietet, nicht als übervoll, ihre Dichte nicht als zu hoch. Wir können beim Hören sogar zeitweilig abschweifen und uns ein paar Minuten später den Klangereignissen wieder mühelos anschließen.

Anders verhält es sich bei einer freien Kollektivimprovisation. Wir stellen unsere Hörgewohnheit nicht sofort um. Wir wollen hörend mitgehen und verstehen. Das können wir aber mit unserer angewöhnten Erwartungshaltung nicht. Die Zusammenhänge der einzelnen Ereignisse sind nicht mehr so klar definiert wie etwa bei Brahms. Die Kontur des Ganzen entspricht einer offenen Ereignishaftigkeit, die vielerlei erzählt. Da sind die instrumental-musikalischen Individualitäten, die interaktiven Vorlieben und die Ästhetiken der Mitwirkenden, die sich im Moment zu einem Ganzen finden wollen. Sie tun dies zwar mit Gefühl und Verantwortung für das kollektive Verständnis, mäandrieren aber gleichzeitig auch mit einer Art diskursiven Energie durch die Klangfelder. Dies alles zu verstehen und zu genießen fordert und führt bei einer Anzahl von bereits fünf, sechs Spieler*innen schnell zum Eindruck von zu hoher Dichte. Jedoch ist eine bewusst eingesetzte Übersteigerung auch ein Gestaltungsmittel, wenn sich die individuellen Stimmen einem Gesamteindruck unterordnen: einem großen dynamischen Anstieg etwa, einem lärmigen oder wuchtigen Sound oder einem emotionalen Free Jazz-Blowout.

Folgende Ansagen und Übungen fördern das Bewusstsein sowohl für die Wahl jeglicher Spielmaterialien und Spielsituationen als auch für das Thema der Dichte.

Ansage: Beobachtet, wer mit welchem Material spielt.

Entwickelt wird hier die Fähigkeit, Gestalt und Wirkung des Materials der Mitwirkenden möglichst schnell und umfassend zu erkennen und die Informationen reagierend umzusetzen.

Da eine unerfahrene Gruppe tendenziell oft viel Material einbringt, kann mit dem Hinweis auf die besondere Beobachtung der auftauchenden Ideen oder Materialien eine hohe Dichte bewusstgemacht werden. Eine entsprechende Beschränkung stellt sich oft von selber ein.

Ansage: Beobachtet die Materialdichte und entscheidet, ob ihr mitspielen wollt oder nicht.

Hier geht es darum, über die Beobachtung der Gestalt der einzelnen Materialien hinaus das Zusammenspiel aller beteiligten Ausgangsideen zu hören, dieses aufgrund der Ereignisdichte zu beurteilen und Entscheidungen über das eigene Spielen zu treffen.

Diese Ansage gilt primär für Stückanfänge. Hier ist es durchaus angebracht, jeweils nach kürzerer Zeit abzubrechen und über die einzelnen Materialien und die Gesamtdichte zu sprechen. Dies hat zum Ziel, parametrische Bezüge unter den Materialien zu beschreiben und zu beurteilen, was denn Dichte eigentlich ausmacht. Diese hängt stark mit der Zahl der Beteiligten, dem Grad der Homogenität respektive Heterogenität und ebenso mit formalen Tendenzen zusammen. Je klarer formale Entwicklungen im kollektiven Einverständnis geschehen (z.B. ein gemeinsamer dynamischer Anstieg), desto mehr Dichte verträgt es.

Bei solchen differenzierten Analysegesprächen können auch Aufnahmen von Improvisationen oder Kompositionen beigezogen werden, um zu lernen, das Nebeneinander von Ausgangsmaterialien und die Gesamtdichte zu Beginn und im weiteren Verlauf eines Stücks zu beschreiben und zu beurteilen. Höranalyse muss auch geübt werden, wenn man nicht selber als Spieler beteiligt ist.[67]

Ansage: Entgegnet einer zu großen Materialfülle.
Ansage: Macht dieselbe «Aussage» respektive erzählt dieselbe «Geschichte» mit weniger Worten.

Ziel ist mehr Bestimmtheit und Klarheit der musikalischen Ereignisse durch Entdichtung.

---

67 Vgl. Kapitel «Reflexion».

Dies kann durch folgende Maßnahmen erzielt werden: Das selber gespielte Material ist einfach in der Gestalt, man strebt vermehrt ein homogenes Zusammenspiel (zumindest in einzelnen Parametern) an oder man achtet besonders darauf, dass nicht immer alle spielen respektive zeitweilig kleine Besetzungen entstehen.

Übung: Spielt mit reduziertem Material, mit einem oder wenigen Tönen respektive Geräuschen.
Übung: Spielt mit einfachem, reduziertem Material und verwendet dieses so, dass ihr gleichzeitig gut hören könnt, was andere tun.
Übung: Spielt eine Reihe von kurzen, formal geschlossenen Stücken und verwendet in jedem dieser Stücke jeweils nur wenige Töne, Geräusche oder Klänge.

Diese drei Übungen sind vertiefende Weiterführungen der obigen Ansagen und können in Miniaturenform gute Ergebnisse erzielen.[68]

Parametrische Gestaltung des Materials

Parameter zu unterscheiden sei ein «Verfahren der Analyse», betonte Ulrich Dibelius. «Jetzt, in der Musik, nennt man Parameter alle Dimensionen des musikalischen Verlaufs, die sich isoliert verändern lassen.»[69] Durch diese isolierte Betrachtungsweise sowie ihre Skalierung bzw. Hierarchisierung unterscheiden sie sich von den übrigen musikalischen Eigenschaften. Als Parameter galten zunächst die Tonhöhe, die Tondauer (bzw. den Einsatzabstand), die Lautstärke (Dynamik), die Artikulation (Anschlagsart) und die Klangfarbe, später auch der Raum.

Karlheinz Stockhausen schreibt:

> Am stärksten ist unser musikalisches Hören an Tonhöhenverhältnissen geschult, dann folgt viel schwächer entwickelt das bewusste Hören von Lautstärkeproportionen, noch weitaus unentwickelt ist unser bewusstes Hören von Zeitproportionen, soweit diese vom Gleichtakt abweichen. Und am wenigsten ausgebildet ist das bewusste Hören von unterschiedlichen Tonstrukturen, also von spektralen Proportionen […].[70]

Die Aufmerksamkeit Parametern gegenüber kann dazu beitragen, Entscheidungen bewusster zu treffen und nicht bloß spontan zu reagieren. Zudem stellt der bewusste Umgang mit Parametern weitere gestalterische Ebenen in der Improvisation zur

---

68 Vgl. Kasten «Miniaturenreihe» und «Phasenspiel».
69 Dibelius (1966). 337f.
70 Stockhausen, Karlheinz (1953). *Texte zur elektronischen und instrumentalen Musik, Band 1.* Köln: DuMont. S. 40f.

Verfügung. Diese Fähigkeit lässt sich steigern, indem die Aufmerksamkeit in einer Übung auf die Differenzierung des einen Parameters gelenkt wird.

Beispielsweise liegt der gestalterische Fokus oft im Tonhöhenbereich, was dazu führt, dass ständig neue motivische Ideen ins Spiel fließen. Die Möglichkeit, zusätzlich mit den anderen Parametern zu spielen, eröffnet ein weites Gestaltungsfeld und wirkt zudem der oben beschriebenen Tendenz, zu viel Material ins Spiel zu bringen, entgegen. Der Parameter ist also ein Mittel zum Bewusstmachen des eigenen Spiels, auch im Denkprozess über und in Musik.

Übung: Spielt Soli und beobachtet gemeinsam, wie dieses Spiel bezüglich der einzelnen Parameter gestaltet ist.
Übung: Spielt Soli und beobachtet gemeinsam, ob diese über die Dauer der Spielphase ähnlich bleiben oder ob eine deutliche Entwicklung stattfindet. Welcher oder welche Parameter verdeutlichen diese Entwicklung besonders?

Hier geht es zunächst um das vertiefte Hineinhören in ein Spiel und das analytische Auseinanderhalten der einzelnen parametrischen Spielebenen.

Das Differenzieren einzelner gestalterischer Aspekte ist ein wichtiger Beitrag zur allgemeinen Gehörbildung. Interessant ist dabei, welche Parameter zuerst erwähnt werden und welche man zuweilen durch zusätzliche Hinweise hervorheben muss, um diese in ihrem gestalterischen Anteil überhaupt zu erkennen. Diese Aufgabe kann unterschiedlich anspruchsvoll erscheinen, vor allem dann, wenn sich einzelne parametrische Ebenen klar verändern und andere nicht.

Übung: Spielt gemeinsam. Beachtet, zuerst bei euch selber, dann bei anderen, auf welchen parametrischen Ebenen Veränderungen stattfinden.

Auch hier geht es zunächst darum, vertieft dem kollektiven Spiel zuzuhören und dann zu beobachten und zu differenzieren, wo welche parametrischen Veränderungen stattfinden.

In einem sehr intuitiven Spiel achtet man sich weniger bewusst auf parametrische Veränderungen. Je nach Material dominieren unreflektiert gewisse Parameter in der Entwicklung – zum Beispiel die Tonhöhe bei melodischen Wendungen oder eine (klischeehafte) dynamische Steigerung.

Das anschließende Gespräch soll diese Entwicklungen auf Ebene der Parameter thematisieren, bei sich selber und bei anderen. Dabei lernt man sämtliche parametrischen Anteile zu erkennen. Im kollektiven Spiel ist das schwieriger als beim Anhören eines Solos (siehe vorherige Übung). Es ist vor allem auch interessant, welche Aspekte man sich gut merken kann und bei welchen man noch bewusster hinhören muss.[71]

Übung: Entwickle ein Ausgangsmaterial und wähle dabei bewusst Veränderungen in einem einzelnen Parameter.

Ziel ist das Entdecken neuer Gestaltungsmöglichkeiten durch das Variieren im Bereich lediglich eines Parameters im eigenen Spiel.

Im Gegensatz zur vorausgehenden Übung geht es um die Konzentration auf einen Parameter. Das kann als systematisches Vorgehen bereichernd wirken, da auf diese Weise bewusst mit Aspekten gestaltet wird, die man spontan oftmals weniger benutzt. Es kann auch eine gute Hausaufgabe sein und ins tägliche Üben integriert werden.

Ansage: Beachte, welche Spieler ähnlich spielen und auf welchen parametrischen Ebenen dies deutlich wird. Gibt es Beiträge, die keine Verwandtschaften aufzeigen?

Es geht darum, scheinbare Ähnlichkeiten auf parametrischer Ebene zu durchleuchten und dadurch die Bezugnahme auf alle Parameter zu fördern.

Hier wird hinterfragt, wie stark sich Ähnlichkeiten beim Spiel verschiedener Mitwirkender auf den parametrischen Ebenen beobachten lassen und ob für den Eindruck von Ähnlichkeit meist mehrere Parameter ähnlich sein müssen oder ganz bestimmte Parameter dafür verantwortlich sind. Zum Beispiel wird oft ein gleiches Spiel angestrebt, die Spielweise dynamisch und klangfarblich angeglichen, jedoch bleibt die Artikulation zu wenig beachtet und folglich unterschiedlich.

Die intuitive Wahrnehmung von Ähnlichkeiten respektive parametrischen Gemeinsamkeiten erfolgt erfahrungsgemäß meist schnell und gut. Geschieht dies sehr bewusst, verbessert sich das Spiel mit Gemeinsamkeiten und Unterschieden auch in weiteren Parametern. Auch hier empfiehlt es sich, in kleinen Formationen zu proben.

Übung: Spielt möglichst homogen!

Hier wird ein höheres Bewusstsein dafür angestrebt, welche Parameter in einem homogenen Spiel tatsächlich sehr ähnlich gespielt werden und bei welchen allenfalls Unter-

---

71 Vgl. Kapitel «Formbildung/Entwicklung und Übergang: Übung: Spielt eine Entwicklung, die nicht auf den Parametern Dynamik und Dichte basiert».

schiede zu beobachten sind, ohne dass der Eindruck der «Homogenität» geschmälert wäre.

Es empfiehlt sich, Spielphasen anzugehen, bei welchen ein*e Spieler*in mit einer Spielidee startet und die andern ähnlich mitspielen. Nach einer Reihe solcher Miniaturen ist die Beobachtung bezüglich der für die homogene Wirkung dominierenden Parameter aufschlussreich.

Es ist durchaus auch möglich, homogene Klangbilder anzusagen (z.B. gemeinsamer Klang; leises Flirren; sprödes, kantiges Spiel von lauten Akzenten etc.)

Übung: Spielt möglichst heterogen!

Hier wird erprobt, wie Heterogenität auf vielfältige Art hergestellt werden kann.

Durch dynamisch gegensätzliche Gestaltung wirkt ein Stück sehr schnell heterogen (oft reichen also ein bis zwei Parameter, um diesen Effekt zu erzielen). Es geht hier darum, durch Kontrastierung auf anderen Parameterebenen noch größere Heterogenität anzustreben.

Auch die Spielhaltung hat einen Einfluss auf den Grad der Heterogenität, eine stärkere Individualisierung wird angeregt.

Ansage: Versuche den Spielbeitrag eines Mitspielers in seiner musikalischen Gestalt zu erfassen, um – evtl. skizzenhaft grob – schnell darauf reagieren zu können.

Ziel ist es, Spielimpulse schnell zu erfassen und darauf beschleunigt zu reagieren.

Insbesondere für klassische Studierende stellt dies eine neue Erfahrung dar. Die Hierarchie der Hörwahrnehmung führt zu dem Anspruch, Motive auf der Ebene der Tonhöhe erkennen zu können. Dabei vernachlässigt man genauso wesentliche Aspekte wie zum Beispiel Artikulation und Dynamikkurve, also den Gestus.

Das schnelle und eher grobe Erfassen (die Steigerung der Genauigkeit bei der Wahrnehmung kann ebenfalls geübt werden) ermöglicht eine schnelle Reaktion darauf. Idealerweise löst man sich von der Vorstellung, genaue Skalen wiedergeben zu müssen. Ein eher gestisches und skizzenhaftes Spiel wird angeregt, statt eine Phrase exakt auszuformulieren. Dabei findet eine neue Gewichtung der Parameter statt, insbesondere bekommt die Tonhöhe eine weniger dominante Rolle, dabei sollen Artikulation, Dynamik und Klangfarbe (im Sinne einer Annäherung) aufgewertet werden.[72]

---

72 Vgl. Kapitel «Wahrnehmung, Höraufmerksamkeit, Erkennen des Materials».

Übung: Ein Spieler beginnt mit einer Geste. Diese wird im Kreis imitierend «herumgegeben».[73]

Ziel ist das möglichst schnelle Erfassen und Imitieren einer Spielidee (Gehörbildungstraining!).

Mit Geste ist eine kurze Spielfigur gemeint, die eine klare und schnell erfassbare formale Gestalt hat. Interessant ist, was sich beim schnellen Imitieren ereignet, wo die Geste erkennbar bleibt und welche Abweichungen durch den Instrumentenwechsel stattfinden oder auch durch die Ungenauigkeit, die sich durch das Tempo ergibt. Ebenso interessant ist, welche Parameter bei der Ausgangsgeste dominant sind und wie sich diese auf anderen Instrumenten imitieren lassen. Es empfiehlt sich, sowohl tonale als auch geräuschhaftere Gesten zu verwenden. Übungshalber kann man mehrere Runden mit derselben Ausgangsgeste verwenden. Man kann beim Spiel mit dieser Übung auch den Anschluss von Spieler zu Spieler thematisieren und fragen: Gibt es Gesten, die bei der Aufeinanderfolge eine Zäsur verlangen, gibt es solche, die «attacca» anschließen, oder gibt es solche, bei denen der Folgespieler sozusagen «überlappend» einsetzen kann.

Übung: Spielt Gesten im Kreis oder von Spieler*in zu Spieler*in hin und her und verändert jeweils nur einen Parameter.[74]

Ziel ist das möglichst schnelle Erfassen und leichte Verändern einer Spielidee.

Diese Übung baut auf der vorhergehenden auf. Wie dort ergibt sich auch hier durch den Instrumentenwechsel und die imitatorische Unschärfe ohnehin eine Veränderung. Hier soll bewusster variiert werden. Es gilt zu beobachten, welche Parameter eher verändert werden als andere. Möglicherweise kann erst nach dem Spielen analysiert werden, welche Parameterveränderung vorgenommen wurde. Auch hier lohnt sich das Üben im Duo. Ebenso soll mehrmals mit der gleichen Ausgangsgeste gespielt werden.

Übung: Ein Spieler beginnt mit einer Geste, jeder weitere Spieler spielt eine kontrastierende Figur.[75]

Ziel ist das möglichst genaue Erfassen einer Spielidee und die Fähigkeit des schnellen Gegenspielens.

---

73 Vgl. Kasten «Kreisspiele».
74 Vgl. Kasten «Kreisspiele».
75 Vgl. Kasten «Kreisspiele».

Auch diese Übung ist eine Weiterführung der vorhergehenden. Bei erhöhtem Tempo treten andere Spielverhalten in den Vordergrund als beim bedachtsameren Spiel, wo man sich zum Reagieren mehr Zeit lassen kann. Hier ist die Beobachtung interessant, welche Parameter nicht verändert werden.

Kreisspiele

Kreisspielformen werden in der allgemeinen musikpädagogischen Praxis häufig benutzt und können ganz unterschiedliche Zielsetzungen haben. Exemplarisch soll hier im Zusammenhang mit der Vermittlung Freier Improvisation ein Kreisspiel genauer beschrieben werden:

Ohne Instrumente, nur Stimme. Die Lehrperson kann mitmachen. Ein kurzes Geräusch oder ein kurzer Klang (Klangereignis) soll im Kreis «herumgereicht» werden. Jemand beginnt, die Person rechts der beginnenden Person imitiert das Anfangsgeräusch so genau wie möglich und so weiter. (Die Übung kann vorbereitet werden durch ein Klatschen im Kreis, erst ohne Metrum, dann mit Puls, dann so schnell wie möglich.)

Nach einer ersten Runde fallen in der Regel zwei Dinge auf:

– Das herumgereichte Klangereignis verändert sich. Wieso verändert es sich? Weil es nicht exakt imitiert werden kann, weil das Geräusch für gewisse Mitwirkende zu hoch oder zu tief ist, eine Technik nicht beherrscht wird etc. Es wird leiser, weil die Anfangsenergie nicht beibehalten werden kann. Wichtig dabei ist, dass auf das jeweils gerade gehörte Geräusch reagiert und nicht das Anfangsereignis vorbereitet reproduziert wird.
– Das Tempo verlangsamt sich oder stoppt ganz. Wichtig ist, dass es weitergeht, dass alle versuchen, so gut wie möglich zu imitieren in der limitierten Zeit, die der Puls vorgibt.

In einer weiteren Runde (jemand anderes beginnt) ist größere Präzision anzustreben.

Nach genügender Übung kann eine entsprechende Runde in Gegenrichtung versucht werden. Diesmal soll das jeweils gehörte Klangereignis möglichst komplett kontrastiert werden. Auch hier gibt es üblicherweise zwei Erkenntnisse:

Das Tempo wird langsamer, weil mehr Zeit benötigt wird, das Gehörte zu analysieren, zu verarbeiten und einen Kontrast herzustellen. Das Tempo soll jedoch konstant bleiben, ggf. etwas langsamer sein als bei der Imitation.
Häufig wird die Frage gestellt, wie ein Geräusch oder Klang kontrastiert werden soll. Oft werden nur einzelne Parameter kontrastiert, wie hoch/tief, laut/leise,

Ton/Geräusch. Es sollen jedoch möglichst viele Parameter wahrgenommen und möglichst viele kontrastiert werden. Dies verlangt nach Übung. Empfehlenswert ist auch eine kurze Sammlung von Parametern.

Beide Runden können mehrmals beim gleichen Ausgangsmotiv beginnen.

Falls beide Runden gut funktionieren, rechts herum die Imitation und links herum der Kontrast, können beide auch gleichzeitig ablaufen. Gestartet wird dann von zwei im Kreis sich gegenüberstehenden Personen. Dies führt beim ersten Versuch oft zu Verwirrung, fördert aber die Reaktion und das Zurechtfinden in komplexeren Klangräumen. Es hilft, wenn durch leichte Körperdrehung oder eine Geste klargemacht wird, woher welches Klangereignis kommt und wohin es geht. Alles von links kommende wird imitiert, alles von rechts kontrastiert.

Falls sich die beiden Runden bei einer Person kreuzen, muss diese deutlich erst das eine, dann das andere weitergeben. Falls ein Klangereignis irgendwo verloren geht, kann es neu hineingegeben werden. Nicht nur soll klar empfangen, sondern auch klar gesendet werden. Merkt man, dass die nachfolgende Person das Klangereignis nicht wahrgenommen hat, muss es wiederholt werden.

Wenn auch dies gut funktioniert, kann die Unabhängigkeit und die Übersicht zusätzlich geschult werden, indem das einfache Klatschen als drittes Element hinzukommt, ein Stampfen als viertes, etc. Dies kann auch als Aufwärmübung oder bei allgemeiner Schlaffheit der Gruppe eingesetzt und über mehrere Lektionen entwickelt werden.
Ziel ist das möglichst genaue Erfassen einer Spielidee (Gehörbildungstraining) und die Fähigkeit des schnellen Gegenspielens.

Weitere Varianten von Kreisspielen:

Kreisspiel: Jede*r spielt einen Ton, der immer gleich wiederholt wird, so dass im Kreis drehend eine Melodik bzw. eine mehrstimmige Musik entsteht (vgl. Spielkonzepte von Pauline Oliveros[76]). Hie und da mit abweichenden Ideen auffallen!

Kreisspiel: Eine etwas ausgedehntere Spielweise (Geräusch, Klang). Die*der nächste Spieler*in setzt imitierend ein, bevor die*der erste abgeschlossen hat. Dies führt zum nächsten Spiel:

Kreisspiel: Ein Geräusch oder Klang, das/der weitergereicht wird, startet jeweils mit einem Akzent und wird mindestens so lange gespielt, bis man wieder dran ist, also eine ganze Runde. Erst dann soll man stoppen oder verändern bzw. wiedereinsetzen. So ergibt sich ein mehrstimmiges Klangbild. Diese Einsätze können ohne und mit Puls geübt werden.

---

76 Oliveros (1990).

Ton – Geräusch

Spätestens seit Arnold Schönberg sind die zwölf Töne der chromatischen Tonleiter als gleichberechtigt anerkannt, mittlerweile wurde auch die Mikrotonalität in allen Aspekten erforscht, und seit John Cage steht die Forderung der Emanzipation von Geräusch und Stille. Überraschenderweise ist dies nicht nur im Mainstream nicht angekommen, sondern ebenso wenig bei vielen Musikstudent*innen. Gefördert durch die individuellen Hörgewohnheiten findet immer noch häufig eine Wertung statt: Geräusche werden oft als minderwertiger empfunden als «normale» Töne.

Die klassische Ausbildung fördert zudem, dass Nebenaspekte der Klangerzeugung tunlichst vermieden bzw. in ihrer Bedeutung ignoriert werden. Blas- oder Streich-Nebengeräusche werden selten bewusst als Gestaltungsmittel benutzt. Wenn zum Beispiel zwei Klarinetten hohe, nah beieinander liegende Töne spielen, zählt nur das Intervall (eine kleine Sekund), aber die reichen Ober- und Untertöne, die dabei entstehen, werden – obwohl sehr dominant – kaum wahrgenommen, geschweige denn gezielt musikalisch eingesetzt. Da das Nebeneinander von Geräuschen verglichen mit Tonhöhe und Rhythmus viel weniger bestimmten traditionellen Gesetzen unterworfen ist, ist das unmittelbare Kommunizieren mit diesen Aspekten bei der Improvisation schneller und befreiter möglich.

Dass das Nebeneinander von Geräuschen verglichen mit Tonhöhe und Rhythmus viel weniger bestimmten traditionellen Gesetzen unterworfen ist, macht es möglich, bei der Improvisation mit diesen Aspekten schneller, befreiter und unmittelbarer zu kommunizieren.

Ansage: Hört nicht nur auf Tonhöhe und Rhythmus, hört auch auf die Artikulation und die primäre Klangerzeugung auf euren und den anderen Instrumenten.
Ansage: Hört auf das Zusammenwirken des Materials. Beachtet die Vielfalt der Details.
Ansage: Beachtet beim Spielmaterial den Anteil der ungewohnteren Klänge und Geräusche.
Ansage: Versucht, den ungewohnten Klängen und Geräuschen die gleiche Aufmerksamkeit zu schenken wie den «normal» gespielten «Materialien».
Ansage: Versucht, ungewohnte Klänge und Geräusche in euer Spiel zu integrieren.

Bei diesen Ansagen wird nicht nur die Wahrnehmung von, sondern vor allem der Umgang mit Ton und Geräusch in der Praxis angeregt, was schließlich zu einer Erweiterung der Palette und einer gleichberechtigten Behandlung des Geräuschs als Material führen soll.

Alle diese Ansagen fokussieren auf die elementaren Eigenschaften des Materials. Dies kann wieder mit der kunstwissenschaftlichen Beschreibung vorikonographischer Elemente gemäß Erwin Panofsky verglichen werden, bei der in einer ersten Phase die primären oder natürlichen Bedeutungsträger identifiziert werden, bevor diese Themen, Konzepten und schließlich symbolischen Werten zugeordnet werden.[77]

Übung: Spielt ein Stück ohne Tonhöhen.

Ziel ist die Steigerung der Ausdrucks- und Gestaltungsvielfalt sowie der Virtuosität im Geräuschhaften.

Durch das komplette Ausschließen von Tonhöhen (beziehungsweise dem Versuch sie zu vermeiden) wird der Umgang mit dem Geräusch erzwungen. Dies führt häufig nicht sofort zu einem befriedigenden Ergebnis, soll aber als «Etüde» verstanden werden. Das übergeordnete Ziel ist nicht die totale Vermeidung des Tons, sondern die Fähigkeit, bewusst und somit frei entscheiden zu können, welches Material in einer Improvisation angebracht ist. Wie in allen Dingen soll nicht geübt werden, was man bereits kann, sondern das Ungewohnte, das man sich aneignen will.
Ein Stück ganz ohne Tonhöhen zu spielen ist praktisch unmöglich, außer bei verschiedenen Formen des Rauschens (weiß, rosa, rot), was auf herkömmlichen Instrumenten nur sehr schwer zu erreichen ist. Meistens klingt auch bei einem Quietschen, Kratzen oder Hauchen eine Tonhöhe mit, oder der Resonanzraum (z.B. der Cellokörper) sorgt für eine wahrnehmbare Tonhöhe. Es geht um den Versuch, diese möglichst zu vermeiden bzw. einen möglichst hohen Geräuschanteil zu erzielen.

Ausweitung in folgender Ansage: Wendet beim Variieren mit ungewohnten Klängen und Geräuschen vermehrt die (parametrischen) Aspekte Artikulation, Klangfarbe und Dynamik an.

Übung: Gestaltet eine Entwicklung vom Ton zum Geräusch.

Diese Übung kann ebenfalls als Ausweitung der obenstehenden Übung verstanden werden. Das Ohrenmerk wird hier auf den Anteil des Geräuschs im Ton bzw. auf den Tonanteil im Geräusch gesetzt und geübt. Gleichzeitig wird das Führen eines Prozesses mit klarem Anfangs- und Endpunkt gefördert. Durch Beschleunigung und Verlangsamung dieser Übung lässt sich zudem die Flexibilität fördern.

---

77 Vgl. Panofsky, Erwin (1978). *Ikonographie und Ikonologie. Eine Einführung in die Kunst der Renaissance.* In *Sinn und Deutung in der bildenden Kunst.* Köln: Dumont. S. 38ff.

Stille

Die Stille ist ein musikalisches Mysterium, wenig beachtet, aber doch präsent, auf für manche fast bedrohliche Weise. Still ist die Hörerin/der Hörer oder doch nicht, denn wenn – wie die vielzitierte Erfahrung John Cages im schalltoten Raum der Harvard University zeigt[78] – nichts klingt, so sind doch noch das eigene Nervensystem und die Blutzirkulation hörbar. Die Stille gibt es also nicht. Cages *«4'33"»* hat auf bahnbrechende Weise auf dieses Paradox hingewiesen. Der Fokus richtet sich, wenn sich keine Musik ereignet, entweder auf die innere oder die äußere «Soundscape». Dieses Moment haben zahlreiche Künstler*innen wie z.B. Marina Abramovich oder Taryn Simon[79] in ihren Arbeiten weiterentwickelt.

Was jedoch ist Stille oder simpler: die Pause im praktischen Musizieren, wo sich der Fokus doch nicht auf tiefensensible Propriozeption richtet. Ist sie leer, wenn ich sie nicht beachte? Ist sie erfüllt von Vergangenem oder vom Kommenden? Ist sie blanke, als Nichts erlebte Gegenwart? Bereits in der barocken Figurenlehre wird die Pause, die Stille als rhetorisches Gestaltungsmittel eingesetzt. Als Bruch, Einbruch, Aufbrechen des musikalischen Flusses, als Verzögerung, Moment des Innehaltens, Nachdenkens oder der Betroffenheit, der Erwartung, als Generalpause höchster Anspannung.[80] Die Pause ist ein charakteristisches Merkmal des «Stylus phantasticus»[81] und gehört damit wesentlich zur Improvisation oder zumindest zum improvisatorischen Gestus. Dennoch fällt es – gerade heute – immer wieder auf, dass Improvisator*innen, sogar sehr einfallsreiche und eloquente, die Stille nicht

---

78 «There is no such thing as an empty space or an empty time. There is always something to see, something to hear. In fact, try as we may to make a silence, we cannot. For certain engineering purposes, it is desirable to have as silent a situation as possible. Such a room is called an anechoic chamber, its six walls made of special material, a room without echoes. I entered one at Harvard University several years ago and heard two sounds, one high and one low. When I described them to the engineer in charge, he informed me that the high one was my nervous system in operation, the low one my blood in circulation. Until I die there will be sounds. And they will continue following my death. One need not fear about the future of music.» (Cage [1991], S. 8)
«Es gibt keinen leeren Raum oder leere Zeit. Es gibt immer etwas zu sehen, immer etwas zu hören. Tatsächlich können wir uns noch so anstrengen, Stille herzustellen, wir schaffen es nicht. Für gewisse technische Zwecke ist eine möglichst stille Situation von Nutzen. So einen Raum nennt man eine schalltote Kammer. Vor einigen Jahren war ich in solch einer Kammer an der Harvard University und hörte zwei Klänge, einen hohen und einen tiefen. Als ich sie dem diensthabenden Ingenieur beschrieb, informierte er mich darüber, dass der hohe Klang durch die Arbeit meines Nervensystems verursacht sei und der tiefe durch die Blutzirkulation. Bis ich sterbe wird es Klänge geben. Und es wird sie nach meinem Tod geben. Man muss sich um die Zukunft der Musik nicht fürchten.» (Übers. von den Autoren)
Wobei bereits Pauline Oliveros kritisch anmerkte, dass das eigene Nervensystem nicht hörbar sei (Oliveros, 2005). Wahrscheinlicher ist es, dass Cage seinen Tinnitus gehört hat. Dies soll jedoch den poetischen Anteil dieser Geschichte nicht abwerten.

79 https://www.youtube.com/watch?v=dNrs6adw4hc (letzter Zugriff am 3.7.2019).

80 Vgl. Bartel (2017), S. 224ff; 247ff.

81 Eine Stilrichtung, vor allem in der italienischen Musik des 17. Jahrhunderts, die sich stark von der Improvisation ableitete und teilweise extreme, ja bizarre Spielweisen und Klangeffekte anwendete.

kennen, ja sie vielleicht auch nicht zu ertragen scheinen. Sie überspielen sie oder scheinen sie zu missachten, zu verdrängen oder als Möglichkeit auszuschließen. Andererseits gibt es gewiss auch die Momente, wo man sich fragt, warum man die Stille verlassen soll, warum man zu spielen beginnen, warum man überhaupt spielen soll. Zeugt die Stille drittens vielleicht auch von einer Unfähigkeit, etwas beizutragen, oder von der Erkenntnis, dass ein solcher Beitrag gar nicht nötig ist? Die Stille stellt also die Musik und das Musizieren auch grundsätzlich in Frage. Dies gälte es in der Praxis zu erfahren.

Ansage: Bleibt bei der Musik hörend präsent, auch wenn ihr nicht spielt.

Das Gespielte unterstützen durch die eigene präsente Stille.

Diese Ansage ist an sich in jeder Form von Musik wichtig, in einer freien Improvisation wird sie jedoch essenziell. Oft kann beobachtet werden, dass jemand, die/der gerade nicht spielt, den Kontakt zum musikalischen Prozess verliert und nicht mehr mithört. Die Ansage findet hier ihren Platz, weil diese Aufmerksamkeit Grundvoraussetzung dafür ist, dass stille Momente überhaupt bewusst entstehen können.

Ansage: Beachtet die Stille in eurem Spiel.
Ansage: Benutzt Stille gleichberechtigt zu Ton und Geräusch als Gestaltungsmaterial.
Ansage: Beachtet den Unterschied zwischen phrasierungsbedingten Pausen, raumgebenden individuellen Ruhepunkten und formbildenden Momenten der Stille.

Ziel ist das Erkennen von Stille als Gestaltungsmittel.

Oft kommt in der Wahrnehmung und Wertung der Studierenden noch nach dem Ton und dem Geräusch die Stille. Pausen werden nicht als Material wahrgenommen und benutzt, sondern sind nur ein Nebeneffekt der Phrasierung oder Atmung. Stille ist jedoch ein Material, das und mit dem gestaltet werden kann. Eine Pause wird definiert durch den nächsten Einsatz, selbstverständlich bezüglich Dauer, aber auch bezüglich Funktion.

Übung: Versucht, aus der Stille heraus zu spielen, und lasst gemeinsam viele Pausen und Stille zu.
Übung: Spielt jeweils ein Klangereignis, einen Ton, eine Geste und hört innerlich nochmals nach. Versucht umgekehrt solche Klangereignisse vorauszuhören und sie dann zu spielen.
Übung: Spielt jeweils ein Klangereignis, gefolgt von einer Pause, die mindestens so lange dauert wie das Ereignis zuvor.

Diese Übungen haben alle den Zweck, mehr Raum in eine Improvisation zu geben.[82]

Auf verschiedene Arten entstehen hier Räume, in denen nicht gespielt wird, wodurch man eine entdichtete Spielweise erfährt. Von dieser Erfahrung her lässt sich Stille in einer Freien Improvisation bewusster einsetzen.

Wie häufig bei solchen Übungen wird eine Anweisung, die es zu befolgen gilt, als Einschränkung empfunden. Ziel ist es, innerhalb dieser Anweisung die größtmögliche Freiheit zu erreichen, mit einem überzeugenden musikalischen Ergebnis.

Übung: Spielt ein einziges kurzes Ereignis in einem angesagten Zeitraum von ca. fünfzehn Sekunden. Hört den anderen gut zu. Hört die Folge der Töne als Ganzes in der Zeit.

Zu dieser Übung vergleiche den Kasten «Phrasen».

Phrasen

Eine Phrase ist eine Gestaltungseinheit, die in vielen musikalischen Bereichen und Stilen bezüglich Formbildung bedeutsam ist. Die Übungen hier fokussieren auf die Phrase und loten die Gestaltungsmöglichkeiten im Kollektiv aus. Das kollektive Formen und der individuelle Handlungsspielraum treten in eine spannungsvolle Wechselwirkung.

Übung: Spielt ein einziges kurzes Ereignis (einen Ton, ein Geräusch, eine Geste) innerhalb einer durch Handzeichen angezeigten Spieldauer.

Die strenge Reduktion des Spielmaterials ermöglicht den besonderen Fokus auf Form und Struktur.

Diese scheinbar einfache Aufgabe soll den Fokus von sich selbst weg zum kollektiven Ganzen lenken und zudem die Erfahrung unterschiedlicher Dichtegrade ermöglichen.
Entweder können zwei Handzeichen den Beginn und das Ende einer Phrase vorher kommunizierter Zeitdauer von ca. 5–30 Sekunden angeben, oder diese Dauer kann mit einem schnelleren oder langsameren kreisförmigen Zeichen direkt angezeigt werden.

82 Vgl. Kapitel «Musikalische Aspekte/Material/Materialdichte».

Diese Form ist mehrmals zu wiederholen. Zwischen den Spielsequenzen ergibt sich eine Zäsur, die für das Formgefühl von Bedeutung ist. Wichtig ist der Hinweis, dass man auf Unterschiede zwischen diesen Spielsequenzen achten soll. Sie entstehen allein schon durch unterschiedliche Sequenzdauern. Zu beobachten ist auch, wie sich aus der Abfolge der einzelnen kurzen Beiträge eine übergeordnete, zusammenhängende, quasi «einstimmige» Melodie bildet. Da die Beiträge der einzelnen Mitspieler kurz sind, entsteht ein sehr transparentes Klangbild, das sich dadurch auszeichnet, wie die Beiträge in der Gruppenformation hin und her wechseln, und das aus vielen Pausenlücken besteht.

Wie aber verhalte ich mich mit meinem Beitrag innerhalb des Ablaufs? Reagiere ich direkt und schnell auf Ereignisse oder setze ich meinen Beitrag möglichst unabhängig von den Beiträgen der weiteren Mitwirkenden in diesen Zeitraum hinein? Daraus ergibt sich eine Reflexion zur Hör- und Spielhaltung.

Übung: Spielt ein einziges kurzes Ereignis, ohne dass jemand einen Einsatz gibt.

Das Kollektiv entwickelt eine hohe gemeinsame Präsenz und ein gemeinsames Formgefühl.

Die Dauer einer Phrase erschließt sich durch die Dichte des Spiels der Gruppe. Durch die intensive kollektive Hör- und Spielpräsenz entsteht ein hohes gemeinsames Verständnis für die Qualität und Dauer einer Phrase und für das Setzen der Zäsur vor dem Start der nächsten Phrase.

Die Spielmaterialien der einzelnen Spieler*innen können auch ausgedehnt werden – etwa durch gehaltene Töne oder durch Gesten, die aus mehreren Tönen bestehen, etc. Das führt zu weiteren musikalischen Differenzierungen. Außerdem kann mit der Zeit jede*r Spieler*in mehrere Ereignisse (gleiche oder unterschiedliche) in eine Phrase einfügen. Die schrittweise Reduktion der Regelanweisungen führt über zur Freien Improvisation.

Stimme als Instrument – Sprache als Inspiration

Die Sprache ist eines der wichtigsten Elemente der menschlichen Kommunikation. Sie dient der Information, dem sozialen und politischen Austausch und dem emotionalen Ausdruck.

Im Kindesalter findet die Sprach- und Sprechentwicklung statt. Die Sprechentwicklung beginnt mit den Lautäußerungen im ersten Lebensjahr, wenn ein Kind versucht, sich mit Hilfe seiner «Sprechwerkzeuge» wie Lippen, Zunge, Gaumen oder Kehlkopf mitzuteilen, und geht in unglaublichem Tempo voran, zusammen mit der Erfahrung, Aneignung und Auseinandersetzung mit den Dingen des frühen Lebens. Die Summe aller sprachlichen und nicht-sprachlichen Fähigkeiten wird mit «kommunikativer Kompetenz» beschrieben. Diese setzt der heranwachsende Mensch ein, um seine Gedanken, Intentionen, Bedürfnisse etc. auszudrücken und sie seiner Umwelt mitzuteilen.[83]

Zusammen mit der Aneignung der Sprache respektive deren weiterer Differenzierung entwickeln sich permanent musikalische Aspekte: Parameter wie Dynamik, Klangfarbe, Artikulation, aber auch Tempo und Dichte. Das ist einer von vielen Gründen, weshalb die Arbeit mit Sprache im Kontext der Musikgestaltung und Musikerfindung grundlegend ist. Der Prozess, der beim Kind sprachliche und musikalische Erfahrungen und Fähigkeiten in einem gewissen Sinn einheitlich wachsen ließ, kann gleichsam als Sinnbild für die Nähe von Musik und Sprache in der Musikgeschichte betrachtet werden. Einerseits ist da die Sprache, die in verschiedenen Zeiten und Stilen musikalisch überhöht wurde, und andererseits die Musik, deren Gestalt in vielen Aspekten von der Sprache ableitet wurde. Theodor W. Adorno schreibt in seinem *Fragment über Musik und Sprache*:

> Musik ist sprachähnlich [...] Die Sprachähnlichkeit reicht vom Ganzen, dem organisierten Zusammenhang bedeutender Laute, bis hinab zum einzelnen Laut, dem Ton als der Schwelle zum Dasein, dem reinen Ausdrucksträger. Nicht nur als organisierter Zusammenhang von Lauten ist die Musik, analog zur Rede, sprachähnlich, sondern in der Weise ihres konkreten Gefüges. Die traditionelle musikalische Formenlehre weiß von Satz, Halbsatz, Periode, Interpunktion; Frage Ausruf, Parenthese: Nebensätze finden sich überall. Stimmen heben und senken sich, und in alledem ist der Gestus von Musik der Stimme entlehnt, die redet.[84]

Im Lied ist dieser Zusammenhang unmittelbar, sind Form (Melodie) und Inhalt (Text) idealerweise eine Einheit. Das Lied in seiner Ganzheit und gleichzeitig seiner formalen respektive strukturellen Einfachheit kann man als musikalischen Archetypus bezeichnen. Melodisches Spielmaterial, auf welchen Instrumenten auch immer, lässt sich im weitesten Sinne auf das Lied beziehen. Die Beschreibung und Einschätzung einer melodischen Gestalt geschehen oft durch den bewussten oder unbewussten Vergleich mit einer gesungenen Melodie, einem Lied. Eine instrumentale Linie wird als kompliziert oder komplex beschrieben, je mehr sie von der Einfachheit oder Klarheit eines Liedes abweicht.

---

83 «Neugeborene sind eingebettet in eine Vielzahl nonverbaler Kontakt- und Interaktionssituationen. [...] Und sie werden von den Eltern mittels der Lautsprache angesprochen. Diese erreicht Neugeborene in Form rein musikalischer Phänomene. Melodie und Rhythmus des Gesprochenen und die Modulation des Stimmklangs lassen, aufgrund ihrer atmosphärischen und emotionalen Wirkung, Bedeutungsfelder aufscheinen.» (Beck-Neckermann [2011], S. 7)

84 Adorno (1956), S. 251.

Inwieweit die Melodik jeglicher Instrumentalmusik sich auf diesen Archetypus in irgendeiner Form bezieht, müsste selbstverständlich genauer untersucht werden. Die hier vorliegenden weiteren Ausführungen machen das Lied respektive die Vokalmelodik insofern zum Thema, als die Kombination von Sprache und Musik als formbildendes Prinzip für die Arbeit beim solistischen Spiel mit Stimme oder Instrument interessant sein kann. (Kommunikationsprinzipien der Sprache werden eingehend im Kapitel «Interaktionsaspekte/Kommunikation» behandelt.)

Arbeit mit Stimme und Sprache im Rahmen der Freien Improvisation

Im Rahmen der Vermittlung der Freien Improvisation kann das Thema Sprache, Vokales etc. einen wesentlichen Platz einnehmen. Zum einen ist die Sprache respektive das Sprechen eine gestalterische Inspiration für das Spiel auf dem Instrument. Es wird oft unterschätzt, wie stark der Sprechvorgang in rhythmischer und klanglicher Hinsicht das Instrumentalspiel prägt. Schon in der Barockmusik sprach man von «Klangrede». Entsprechende Spielübungen dienen zur Erweiterung der Spieltechnik und des Vokabulars.

Wirken in einer Improvisationsgruppe Vokalist*innen mit, drängt sich ein Arbeiten mit Sprache, Sprechen, Vokalem noch stärker auf. Dies vor allem bei klassischen Vokalist*innen, die wenig Improvisationserfahrung mitbringen und die ihr eigenes Potenzial anfänglich oft nicht zu nutzen wissen. Das betrifft den Gebrauch aller Sprachlaute, das Spiel mit Silben, Worten und Sätzen sowie spezielle Vokaltechniken. Dazu gibt es zahlreiche Ansagen und Übungen. Diese sind aber selbstverständlich nicht nur auf Vokalist*innen ausgerichtet. Sie können allen Mitwirkenden interessante Impulse geben.

Oft haben Studierende zu Beginn des Workshops die (naive) Vorstellung, dass bei Freier Improvisation jeder Ton, jedes Geräusch «neu erfunden», also sozusagen «noch nie gehört» sein müssen. So haben Instrumentalist*innen bei dieser Vorstellung stark den Hang zu geräuschhaften Materialien. Das ist zwar dienlich, da sie den Geräuschbereich meist nicht sehr differenziert erforscht haben, doch sollte dies nicht in der Absicht geschehen, die normal gespielten Töne auszuschließen.

Bei Vokalist*innen führt die Vorstellung der ungehörten Klänge entweder zu einer Befangenheit oder zum Singen von Vokalreihungen, die meist relativ ausdruckslos und schüchtern daherkommen. Sie verstehen ihre Stimme in dieser Form sozusagen instrumental. Sie vermeiden das so reiche Material des Sprechens, all die differenzierten Lautgebilde, die sie sich schon ein Leben lang angeeignet haben. Sie kennen ein freies Kombinieren und Fantasieren mit Konsonanten und Vokalen wenig und versuchen es mit konkreten Worten oder Satzfragmenten, die sie aber handkehrum auch vermeiden wollen. Bei vielen fehlt schlicht die Erfahrung mit experimenteller Vokalmusik oder mit Lautpoesie.

Insofern ist die Arbeit mit asemantischem Klangmaterial der Sprache absolut notwendig. Dieses Spielen bringt ein neues Verständnis ein: das Verständnis für das klangliche/musikalische Potenzial der Klangebene der Sprache an sich.

Vokales Klangmaterial aus dem Sprachfundus

Die phonetische Ebene der Sprache ist am direktesten mit Musik vergleichbar. Die Artikulation von Vokalen und Konsonanten bedarf eines Lernprozesses ähnlich wie beim Handwerk auf einem Instrument. Die Sprachlaute können als Klangmaterial in unmittelbaren Kontakt mit jeglichen sonstigen Klangerzeugungen kommen, ohne dass die semantische Ebene der Sprache zutage tritt.

Übung: Kombiniert frei in der Gruppe kurz klingende Konsonanten (b, p, d, t, g, k, c).
Übung: Kombiniert frei in der Gruppe lang klingende stimmlose Konsonanten (f, sch, s, h..).
Übung: Kombiniert frei in der Gruppe lang klingende stimmhafte Konsonanten (n, m, sch, s..).
Übung: Kombiniert frei in der Gruppe Vokale (a, e, i, o, u, ä, ö, ü).

In diesen Übungen geht es um das Entdecken des Sprachlauts als eines reinen Klangphänomens und die Erfahrung mit vielfältigen musikalischen Spielformen.

Dieses Spiel mit Konsonanten und Vokalen wird bei Bedarf systematisch bezüglich Lautbildung und -verwendung geübt. Hier bieten sich sehr vielfältige musikalische Gestaltungsweisen an. Je nachdem, wie die Mitwirkenden reagieren, können spezielle Beobachtungen oder Regeln in den Vordergrund treten.

- Die Artikulation der einzelnen Laute
- Die Wirkung der Laute in der Einzelstimme und in der kollektiven Mischung
- Die Gestaltung der Verläufe durch Dichte, Dynamik etc.
- Die Mischung aller Sprachlaute mit der ganzen Palette des parametrischen Variierens als Zentrum des Gestaltens und Beobachtens.

Die Sprachlaute werden in diesen Übungen zuerst systematisch auseinandergehalten und dann vermischt. Das vereinfacht die Loslösung von der semantischen Ebene. Die Stimmen agieren sozusagen in rein instrumentaler Funktion. So kann man mit der klanglichen Mischung im Kollektiv und mit verschiedensten strukturellen Formen experimentieren.

Weiterführend werden alle möglichen einzelnen Laute gemischt und dabei Silben- respektive Wortbildungen zugelassen. Beim kollektiven Gestalten können alle

Parameter genutzt werden (also Tonhöhe und -dauer, Artikulation, Dynamik und Klangfarbe).

Übung: Macht Soli in freier Form mit allen möglichen Konsonanten und Vokalen.
Übung: Nehmt ein bestehendes Wort und formt es beliebig um.

Bewusstwerden der klanglichen Komplexität eines Wortgebildes.

Die Übungen können in einer spontanen Weise angegangen, je nachdem auch systematisch aufgebaut werden, z.B.:

- einsilbig, Anlaut immer der gleiche Konsonant und verschiedene Vokale folgend
- einsilbig, Anlaut immer der gleiche Vokal und verschiedene Konsonanten folgend
- einsilbig; Konsonant – Vokal offen/ einsilbig: Vokal – Konsonant offen
  etc.

Bei der Arbeit mit solchen Spielformen haben Studierende erfahrungsgemäß weitere Ideen, wie diese Systematik fortgesetzt werden kann.

Diese Übungen sind zunächst solistisch auszuführen. Es geht um das Entdecken einer Form von vokalem Solieren, das noch nicht der Interaktion ausgesetzt ist. Das schließt aber nicht aus, dass die Spielversuche nicht in der Gruppe gleichzeitig gemacht werden können.

Bei dieser Übung spielt man gleichsam auf einem neuen Instrument, das man aber in andere Weise schon bestens beherrscht – nämlich beim Sprechen. Gefordert ist nicht das Üben der Artikulation, sondern der flexible, kreative Umgang mit den Sprachlauten.

Übung: Verwendet einzelne Konsonanten oder Vokale und sucht ähnliche Klänge auf dem eigenen Instrument (Soli mit freier Klangfolge, stimmliche und instrumentale Ausführung gleichzeitig oder nacheinander).[85]

---

85 Der amerikanische Trompeter Nate Wooley setzt sich seit 2011 in einer Werkreihe intensiv mit der sog. «*Syllable Music*» auseinander. Er beschreibt sein Vorgehen so: «To give an example of how the IPA was used as the basis for the works in this set, the 'L' sound (pronounced by placing the front and rear of tongue near the roof of the mouth with the middle dipped low, teeth 1/2» apart and throat slightly closed) is a simple, unconscious action in the everyday performance of speech, but when set behind the buzzing embouchure contained in a trumpet mouthpiece and sustained by breath over a duration as long as 45 seconds, the timbral and physical considerations demand an intense mental and physical effort on the part of the performer in order to make sure the sound doesn't drift into a normalized or 'correct' traditional trumpet pitch. Wooley sets the physical components of that 'L' sound in his mouth, inhales through his nose

Ziele sind die Erweiterung des Vokabulars auf dem Instrument und zugleich das Entdecken einer speziellen Spielkraft, die entsteht, wenn die Artikulation auf dem Instrument durch den vokalen Impuls gestützt ist.

Hier werden instrumentale Artikulationen gesucht, die den Sprachlauten ähnlich sind, sowie verschiedene Spielformen im Zusammenspiel erprobt, mit ähnlicher und kontrastierender Spielweise. Auch hier ist es möglich, sowohl spontan dieses Imitieren der Sprachlaute auf dem Instrument zu testen als auch systematisch alle Konsonanten und Vokale sowie einfache Silben zu erproben.
Dieses Experimentieren geschieht auf Blasinstrumenten völlig anders als auf allen anderen Instrumenten. Bei Bläser*innen entstehen neue Artikulationsformen. Auf allen weiteren Instrumenten geht es um das Experimentieren mit Spielformen entweder möglichst dem Sprachklang nah oder in starkem Kontrast zu diesem.

Worte und Sätze – Spiel mit Semantik

Silben, Worte und Texte können in einer Kollektivimprovisation als Material eingesetzt werden. Dies geht am ehesten von Vokalist*innen aus. Es gibt aber durchaus Momente, in welchen auch Instrumentalist*innen das «Wort ergreifen». Im Gegensatz zur Wahl lediglich von Lauten kommt hier unweigerlich die semantische Ebene hinzu. Diese könnte bewusst außer Acht gelassen werden. So würden die Sprachlaute wiederum als reines Klangmaterial benutzt. Der semantische Aspekt soll aber bei Bedarf auch beachtet werden.

Werden nun Worte und Sätze verwendet, entstehen unterschiedliche Situationen. Es kann sein, dass lediglich der Sound des Sprechduktus interessiert und die Stimme als quasi instrumentaler Beitrag gehört wird. Solches verleiht dem Ganzen meist etwas Klischeeartiges, das an Melodramatisches oder an Filmszenen erinnert. Das Verhältnis zwischen dem instrumentalen Kollektiv und dem Sprechenden wirkt oft wie jenes von Tutti und Solo. Je nachdem, wie intensiv oder wie lange eine solche Sprechebene in den Vordergrund tritt, wird das Instrumentale neben dieser Sprech-

---

and allows the sound, affected by the positioning particular to the mechanics of producing that phoneme, to just *be*» (Wooley [2017]).
«Ein Beispiel, wie das IPA (Internationales Phonetisches Alphabet) als Basis für die Werke in diesem Set benutzt wurde, ist der ‹L›-Klang, bei dem die vordere und hintere Zunge nahe am Gaumen platziert wird, die Mitte jedoch tief, die Zähne 1.5 Zentimeter auseinander und die Kehle leicht geschlossen sind. Dies ist eine einfache, unbewusste Handlung im alltäglichen Sprechen; wenn sie jedoch hinter den Trompetenansatz mit vibrierenden Lippen am Mundstück gesetzt und mit dem Atem über etwa 45 Sekunden ausgehalten wird, verlangen die klanglichen und physikalischen Aspekte einen intensiven mentalen und körperlichen Aufwand auf Seiten des Performers, um sicher zu gehen, dass der Klang nicht zum normalen oder «korrekten» Trompetenton tendiert. Wooley formt die physischen Komponenten dieses ‹L›-Klanges in seinem Mund, atmet durch die Nase ein und erlaubt dem Klang, beeinflusst durch die Position, die der Mechanik der Produktion dieses Phonems eigen ist, einfach zu sein.» (Übers. von den Autoren)

und auch Erzählebene zur musikalischen «Untermalung». Umgekehrt deutet die Sprechebene die musikalische Situation in einem programmatischen Sinne. Das heißt aber keineswegs, dass nur solche Sprache-Musik-Bezüge entstehen können. Wichtig in diesen Situationen ist eine Haltung, die ein freies Spielverhalten bewahrt. Der Umgang mit Situationen, in denen Sprache eine Rolle spielt, ist durchaus zu vergleichen mit dem Umgang mit Idiomen oder Stilen[86].

Kommt es in einem Improvisationskollektiv häufiger vor, dass Sprache oder Texte angewendet werden, können übungshalber Konzepte eingesetzt werden, welche Sprache auf ganz neue Weise erfahren lassen.[87]

Form

Die Verwendung des Begriffs «Form» ist im Kontext der Freien Improvisation eigens zu untersuchen. «Form» als Bezeichnung einer vorgeprägten musikalischen «Architektur» im herkömmlichen Sinn gehört in den Bereich der Komposition. Das im Voraus nicht abgesprochene kollektive Verfahren der Freien Improvisation jedoch lässt strenggenommen eine solche formale Planung nicht zu. Es geht auch gar nicht darum, dass eine improvisierende Gruppe eine bestimmte Form realisiert. Vielmehr zielt die Freie Improvisation darauf, in eine Gestaltung einzusteigen und eine Form entstehen zu lassen, die für die kollektive Improvisation hier und jetzt gilt.

Beim Nachhören eines gespielten Stücks kann der Formverlauf analysiert und zugleich die Erinnerung thematisiert werden bzw. die Frage gestellt werden, wieviele Aspekte dieser formalen Entwicklung bereits während des Spiels erkannt und welche Fortsetzungen erahnt worden sind. Dies stärkt die höranalytische Wahrnehmungsfähigkeit während des Spiels.

So ist vorerst daran zu arbeiten, sich formaler Gestaltungsprinzipien wie Anfang und Ende, Wiederholung, Variation und Kontrast sowie Textur, Richtung, Entwicklung im Dichtegrad, Rhythmisierung etc. im Moment bewusst zu werden – dies immer in einer Balance zu allen anderen interaktiven Vorgängen und Ansprüchen.

Ein anderes Verständnis der Form geht von der Funktion jeglicher Teile und deren Beziehungen zu den anderen Teilen und zum Ganzen aus. Das entspricht der

86 Vgl. «Musikalische Aspekte/Stil».

87 Weitere Sprachkonzepte als Übungsform für Kollektivimprovisation in: Schneider (2016):
- Margarete Huber, *Konzeptstück* (S. 78).
- Robert Filliou, *Gesprochenes Kabou'inema* (S. 49).
- Emmett Williams, *The Ultimate* Poem (S. 214).
- Karlheinz Stockhausen, *Oben und Unten (Aus den sieben Tagen)* (S. 192–193).
- Urs Peter Schneider, *Ehrwort* aus: Hölzerner Himmel (S. 173).
- Pauline Oliveros, *One* Word (S. 139).
- Jackson MacLow, *Thanks* (S. 108).

Verwendung des Begriffs «Form» seit der Moderne des 20. Jahrhunderts. So György Ligeti:

> Der Begriff ‹musikalische› Form bezieht sich außer auf die Aspekte des Verhältnisses der Teile auch auf die Art des Wirkens der Teile innerhalb des Ganzen; die Kategorie der Funktion ist somit maßgeblicher als die der bloßen Gliederung.[88]

Geschichtlich gesehen findet eine Verschiebung von Form als Hülle des Inhalts zur Ächtung des Inhalts statt, also Form als «die Sache selbst» bzw. «Musikform ohne jedes ‹außerdem›».

Anfang

Wie bei jedem Musikstück ist der Anfang bei einer Kollektivimprovisation von besonderer Bedeutung. Es gilt, von Beginn weg, eine wache Präsenz aller anzustreben. Dies hängt direkt mit der Vorstellung von Klang, Tempo und Charakter der gewählten Musik zusammen. In den ersten kurzen Augenblicken wird das sich anbahnende Stück geprägt. Der Anfang birgt bei der Freien Improvisation zudem weitere wesentliche Herausforderungen. Die wache Präsenz paart sich mit der inneren Frage und der Offenheit, wer wohl wie starten wird und wie sich die eigenen Impulse mit denen der Mitspielenden verbinden. Die Aspekte des Agierens, eines vielleicht allzu forschen oder zu zögerlichen Reagierens und Abwartens, sind dabei entscheidend. Ebenso prägt die Materialwahl des Anfangs das sich daraus entwickelnde Stück.

Der deutsche impressionistische Maler Max Liebermann sagte einmal, dass beim Malen eines Bildes nur der erste Strich frei sei, der zweite sei durch den ersten bestimmt und der dritte von den beiden.

Bei unerfahrenen Ensembles dauert es oft sehr lange, bis sich die Richtung eines Stücks abzeichnet. Die Spielhaltung ist abwartend und unsicher, klare Statements fehlen, und der Anspruch, die verschiedenen, noch neuen musikalischen Ideen gut zu erfassen, führt zu einer diffusen Einschätzung des Spielverlaufs. Die folgenden Ansagen und Übungen sollen helfen, diese Erfahrungslücken zu füllen und dem freien Spiel zugänglich zu machen.

Ansage: Das Spiel beginnt; bitte alle mit voller Konzentration!

Das Ziel dieser Ansage ist es, dass alle den Anfang des Stücks voll und ganz wahrnehmen und sogleich präsent sind.

D.h. jeder Mitspieler spielt den Anfang (zumindest innerlich) mit, egal ob nun alle sofort spielen oder ob jemand allein startet; egal ob am Anfang ein Solo, eine kleine-

88 Zitiert nach: de la Motte (1968), S. 13–16.

re Untergruppe oder ein Tutti steht: Die Entscheidung, ein Stück zu beginnen, wird gemeinsam gefällt und von der Gruppe getragen.

Ansage: Vertraut dem ersten eigenen Impuls!

Hier geht es darum, Unsicherheit und Hemmungen zu überwinden und der Spontaneität zu vertrauen.

Denn manchmal möchte der Körper reagieren, der Impuls jedoch wird zurückgehalten. Deshalb versanden musikalische Ideen zu schnell. Es empfiehlt sich, vor allem in den ersten Spielsituationen, den spontanen Impulsen nachzugeben. Nur so kann man Erfahrungen sammeln, eigene Vorstellungen entwickeln und das Urteilsvermögen stärken.

Ansage: Versucht schnell wahrzunehmen, was Charakter und Struktur des Anfangs ausmacht.

Ziel ist das blitzartige Erfassen von primären Wesensmerkmalen, was zu verbesserter Reaktion führt.

Im frühen Stadium des Unterrichts fühlen sich die Teilnehmenden manchmal von dieser Ansage überfordert. Deshalb lohnt es sich, bestimmte Wesenszüge (Material und parametrische Entwicklungen etwa), die bei der Einschätzung der ersten Beiträge wichtig sind, im Gruppengespräch zusammenzutragen, aufzulisten und zu diskutieren. Auf diesen ersten Erfahrungen lässt sich das weitere Spiel auf- und ausbauen.

Übung: Jeder beginnt einmal. Die übrigen steigen möglichst schnell ein und unterstützen ihn.

Rasches Analysieren und Aufzeigen von unterschiedlichen Reaktionsvarianten.

Es geht darum herauszufinden, welche Spielweise als Reaktion schnell möglich ist und welche ein Zuwarten erfordert. Gleichzeitig lernt man hier, nicht mit dem eigenen Spiel hineinzustürzen, wenn jemand anderer am Spielen ist, und einzuschätzen, welche Aufforderung das Spiel eines Mitspielers enthält. Ist das Spiel einladend oder eher solistisch angelegt? Siehe nächste Übung.

Übung: Spielt einen Anfang und macht mit eurem Spiel deutlich, ob ihr die anderen zum Mitspielen herausfordert bzw. zur Zurückhaltung anhaltet.

Klarheit in der eigenen Absicht fördert das Verständnis bei den anderen.

Einzelne Musiker*innen spielen jeweils einen Anfang, der die anderen zum Mitspielen provoziert oder klar ein Solo anzeigt. Eine einladende Spielweise heißt nicht, dass man beim Spielen in den Hintergrund tritt, sondern das Energielevel hält, mit nicht zu großer Dichte und Komplexität, mit deutlich gezeigten Phrasierungszäsuren oder Angeboten an Akzenten. Eine bis zu einem gewissen Grad antizipierbare Musik, die nicht von schnellen Richtungswechseln geprägt ist, verführt ebenfalls zum Mitspielen. Verschiedene Möglichkeiten werden geübt und besprochen, dabei lernen die Mitspielenden auch, wie sich geeignetes Material und ergänzende, evtl. in Dialog tretende Spielweisen finden lassen.

Ansage: Bleibt dran! Beobachtet beim Spielen, wie lange eine Anfangsidee trägt.

Erprobt werden soll hier insbesondere die Trag- und Entwicklungsfähigkeit eines musikalischen Materials.

Oftmals nämlich wird ein Anfangsmaterial (zu) schnell wieder verlassen. Diese Ansage reicht häufig aus, das Augenmerk auf diesen Umstand zu legen. Länger an einem Material zu bleiben bedeutet nicht, es einfach zu wiederholen, sondern regt eine weitere Entwicklung an. Die Absicht, die formale Ebene der Musik bewusster wahrnehmen und beurteilen zu können, lässt sich durch die Übung ergänzen, entweder möglichst lange bei einer Ausgangsidee zu bleiben oder umgekehrt Ideen schnell zu verlassen.

Übung: Auf Zeichen beginnen alle zusammen.

Der Kickstart hilft, die anfängliche Entscheidungsträgheit bzw. Impulslosigkeit zu überwinden.

Eine vielstimmige Aktivität soll blitzartig erfasst werden, um sich hörend mit seinem Material in den Klangprozess integrieren zu können. Der gleichzeitige Start auf Zeichen, der sonst eher unüblich ist, ermöglicht das Entdecken von Klangsituationen, die man beim Nacheinander-Einsetzen weniger antrifft. Interessant ist die Beobachtung, wie schnell man trotz Kickstart wahrnimmt und reagiert, wobei dies bei gewissen Parametern stärker ist und bei anderen nicht.

Je größer und variantenreicher die Erfahrung beim «Sprung ins kalte Wasser» ist, umso mehr vertraut man den Möglichkeiten, die sich nach dem Anfangston ergeben. Man muss nicht wissen, was kommt, wenn man weiß, dass man auf alles reagieren kann. Die Ungewissheit wird nicht mehr als lähmend empfunden, sondern als herausfordernd.[89]

Ansage: Macht einen atypischen Anfang!

Hier geht es um das Durchbrechen von Klischees, die sich mit der Zeit einstellen können.

Es gilt, Klischees (z.B.: Wenn leise, dann auch ruhig.) aufzuzeigen und gegebenenfalls in Frage zu stellen. Man kann den Klischees entgegenwirken, indem man unterschiedliche Charaktere fordert: Leise, laut, ganz lose, so dicht wie möglich, homogen, heterogen, etc.

Als Ausweitung bieten sich weitere Unterscheidungen an: Man spielt eine ganze Reihe von kurzen Stücken mit unterschiedlichen Anfängen, die sich zu Miniaturen ausweiten und als solche zu einem Schluss finden. Dabei lassen sich etwa die Ensemblegröße, die Dauern und die Pausenlängen zwischen den Anfängen variieren.[90]

Schnelle Wechsel

Eine Vorgehensweise, die schnell zu musikalisch herausfordernden Situationen und Lernprozessen führt, ist folgende variantenreich einsetzbare Übung:

Eine Leitperson gibt in freier und unregelmäßiger Folge deutliche Zeichen, zum Beispiel mit der rechten Hand wie ein Dirigent. Bei jedem dieser Zeichen haben die Spielenden individuell drei Möglichkeiten zu reagieren: Entweder man beginnt zu spielen, man hört auf oder man ignoriert das Zeichen (das heißt, man spielt weiter bzw. macht weiter Pause).

Wichtig dabei ist, dass *nur* bei einem Zeichen eingesetzt oder aufgehört werden darf, und zwar möglichst genau. Wird kein Zeichen gegeben, läuft die Musik in der gleichen Besetzung weiter, ja es muss weitergespielt werden und niemand kann neu einsetzen.

Zu Übungszwecken soll jeweils individuell ein eher gleichförmig bleibendes Material gewählt werden, sprich eine Fläche, Textur oder etwas Repetitives, wel-

89 Für Ausweitungen dieser Übung vgl. die Kasten «Phasenspiel» und «Schnelle Wechsel»
90 Vgl. Kasten «Miniaturenreihe».

ches eine Zeit lang durchgehalten werden kann. Dies kann als Vorstufe zuerst ohne Zeichen geübt werden. Mit der Zeit kann diese Vorgabe etwas aufgelöst werden, jedoch soll das jeweilige Material klar erkennbar bleiben. Zusätzlich kann auf ein Zeichen quasi gleichzeitig aufgehört und wieder angefangen, also das Material oder die Spielweise gewechselt werden. Dabei entsteht eine vielschichtige, klare, aber auch überraschende Musik, denn die einerseits zeitlich präzisen, andererseits inhaltlich nicht voraussehbaren Schnitte sorgen dafür, dass sie eigenartig zwischen komponiert und improvisiert schwebt. Tatsächlich hätte eine außenstehende Person, die das Geschehen nur hört und nicht sieht, Mühe zu erraten, ob die Musik improvisatorisch oder kompositorisch organisiert ist.

Zufällig fallen bei dieser Übung musikalische Ereignisse zusammen, die nicht bewusst geplant wurden bzw. die nicht nur reaktiv sind. Oftmals suchen unerfahrene Studierende nach «passendem» Material und dies überwiegend in der Homogenität. Beim Schnellen Wechseln kann erkannt werden, wie auch kontrastierend empfundenes Material zusammenpasst. Dabei kommt den Studierenden eine hohe Musikalität zugute, denn oft reagieren sie in Sekundenbruchteilen und unbewusst aufeinander und passen zum Beispiel das eigene Material dynamisch oder die Dichte innerhalb weniger Sekunden an. Als Zusatzhörhilfe können einzelne Spieler per Handzeichen zeitweise dynamisch angehoben werden.

Wie in einer Freien Improvisation auch kann selbstverständlich durch Materialbezug formal gestaltet werden. Interessant ist dabei insbesondere, die Regel auszureizen, zum Beispiel durch langes Ignorieren der Zeichen. Doch auch über Pausen hinweg kann Material entwickelt werden. Ein gewählt leises Material braucht vielleicht einige Zeichen und muss abwarten, bis alle es wahrnehmen und ihm Platz lassen.

Dieses einfache System kann erweitert und vielseitig eingesetzt werden. Die Studierenden können die Gruppe selber anleiten und erfahren so die Einfluss- und Gestaltungsmöglichkeiten, die verschiedene Zeichenabstände haben können. Das Zeichen kann auch von außen kommen (ein vorbeifahrendes Fahrzeug zum Beispiel). Die Schnellen Wechsel können auch in eine freie Improvisation eingepflanzt oder durch Solist*innen ergänzt werden. Sie dienen so als Ausgangspunkt für dirigierte Improvisationen, wie wir sie zum Beispiel von Butch Morris, John Zorn oder Walter Thompsons «Soundpainting» her kennen.[91]

91 Vgl. Kasten «Dirigierte Improvisation / Conducting».

Miniaturenreihe

Spielt eine Reihe von kurzen Stücken (circa 30 Sekunden) mit sehr klarem Charakter. D.h.: Macht eindeutige Anfänge und Schlüsse mit einer kurzen Pause zwischen den einzelnen Miniaturen, wie in einer Suite. Jedes Stück soll das vorhergehende möglichst stark kontrastieren.

Die Reihe wird von der Leiterin bzw. dem Leiter abgebrochen.

Dies ist eine sehr vielfältig einsetzbare Übung. Mögliche Anwendungen sind:

- Warm-up / Einspielen
- Einstieg mit einer neuen Gruppe
- Das Wechseln des Fokus während einer Lektion oder Lösen einer eingefahrenen Situation
- Ideen generieren
- Klischees einer Gruppe veranschaulichen
- Anfänge und Schlüsse üben

Die klare Form der Miniatur eignet sich sehr gut als Einstieg in eine Gruppenlektion, gerade mit einer neuen und unerfahrenen Gruppe. Die einzelnen Spieler*innen fühlen sich eingeladen mitzumachen und wagen es, etwas auszuprobieren. Die Übung soll ruhig etwas länger laufengelassen werden, denn häufig stellt sich nach 3–4 Kürzeststücken eine Ermüdung ein, die jedoch bald überwunden wird. Diese kreative Durststrecke durchzustehen führt meist in neue und überraschende Regionen. In kurzer Zeit treten wichtige Themen zutage, die besprochen und behandelt werden können.

Die Kontraste beschränken sich in einem ersten Durchgang häufig auf laut-leise, hoch-tief, schnell-langsam und sind somit auf die grundlegenden musikalischen Parameter zurückzuführen. Beim Besprechen können weitere zu kontrastierende Elemente auftauchen wie Instrumentation/Besetzung (man muss nicht immer mitspielen), Dichte der Ereignisse, Puls, Funktionsharmonik oder hierarchische Strukturen etc. Diese Kontraste dürfen improvisatorisch deutlich überzeichnet werden, um eine möglichst große Klarheit zu erzielen. (Ansage: Geht mehr ins Extreme!) Ebenso können nicht nur Parameter an sich, sondern auch deren Verläufe kontrastiert werden, zum Beispiel: «Crescendo-Decrescendo-unregelmäßige Stufendynamik», oder «Puls-kein Puls-unregelmäßiger Puls-rein und raus aus einem Puls». Das Üben der Kontraste führt zu neuen Ideen über Material und dessen Behandlung.

Nach dem Versuch einer kontrastierenden Reihe lässt sich auch fragen, was trotzdem die Gemeinsamkeiten der Miniaturen waren. Häufig kann dabei beobachtet werden, dass jeweils eine Spielerin oder ein Spieler beginnt, nach einigen Sekunden eine zweite Person einsteigt und danach alle. Selten wird ein Stück miteinander begonnen. Ebenso kann es vorkommen, dass kurz vor dem Ende einer Miniatur noch jemand mit neuem Material einsteigt und deshalb der Schluss erschwert wird. Diese Erkenntnisse fördern die Spielintelligenz.

Formbildung

Das im Voraus nicht abgesprochene kollektive Verfahren bei der Freien Improvisation lässt Planung nicht zu. «Wer gerne improvisiert, wird an der Durchführung eines geplanten Handlungsentwurfs wenig Interesse haben», schreibt Ronald Kurt in seinem Aufsatz *Komposition und Improvisation*.[92] Die besondere Beobachtung der Form muss aber trotzdem ein wichtiger Bestandteil der Gruppenimprovisation sein. Basis dieser Wahrnehmungsebene ist die höranalytische Wachheit. Es gilt, möglichst gut nachzuhören, respektive das bereits Gespielte, zumindest die Ebene der formalen Entwicklung in Erinnerung zu behalten. Gleichzeitig verstärkt gerade dieses Sich-Erinnern auch ein Voraushören, ein Vorausahnen, wohin sich die Musik bewegen und die Form sich entwickeln könnte. Es kann durchaus sein, dass sich die Form einer Freien Improvisation einer «klassischen» Form nähert, doch wird diese meist bis zur Unkenntlichkeit verfremdet, oder die Form tritt nur in mehr oder weniger deutlichen Fragmenten in Erscheinung.

Anstelle der Ausführung einer traditionellen Form bieten formale Grundprinzipien Möglichkeiten für das Gestalten in einer Freien Improvisation. Diese Grundgestaltungen kann man als formale Archetypen bezeichnen. Es sind «Textur», «Entwicklung», «Richtung», «Reihung», welche in jedem musikalischen Verlauf eine Rolle spielen, sei er komponiert oder improvisiert. Im Folgenden geht es vor allem darum, wie Form als dramaturgisches Gestaltungsmittel praktisch erfahren werden kann.

Kontrast und Wiederholung

Die folgenden drei Übungen sind eigentlich bereits recht fixierte Konzepte, die insbesondere bei Großformationen Sinn machen können, jedoch nicht zu formalen Fixierungen führen sollen. Es geht eher um das konzeptionelle Üben in Bezug auf Form. Allerdings kann so das Erinnerungsvermögen, das Erkennen und Gestalten von Form geschult werden, insbesondere das Begreifen, wo man sich gerade in einem Stück befindet.

92 Kurt/Näumann (2008), S. 42.

Übung: Spielt zwei kurze, kontrastierende Stücke.

Hier soll der Kontrast als formbildendes Mittel praktisch erprobt werden.

Was kann alles kontrastiert werden?[93] Erstmals steht der Bezug auf die sechs parametrischen Aspekte (Tonhöhe, Dauer, Dynamik, Artikulation, Klangfarbe, Platzierung im Raum) eher allgemein im Vordergrund. Weitere wichtige Kontrastmöglichkeiten sind sich daraus ergebene Aspekte, die diese Parameter in einen Verlauf bringen (zum Beispiel crescendo/decrescendo/Stufendynamik), Dichte, Charakter des Stücks und Spielverhalten. Am Anfang verwenden wir eher allgemeine Kontraste, in der Folge sollen die Kontraste präziser auf alle parametrischen Aspekte ausgedehnt werden.[94]

Diese Übung lässt sich auch in Soli-Reihen ausweiten: Jemand spielt alleine (möglichst klar in allen parametrischen Aspekten, ohne diese stark zu verändern). Die nächste Spielerin unterbricht mit einem möglichst präzisen Kontrast – worauf der vorherige Spieler sofort stoppt. Und so weiter.[95]

Übung: Spielt eine A-B-A Form

Ziel ist es, beim Gestalten einer dreiteiligen Form das formale Bewusstsein in Bezug auf das Material, die Materialbehandlung oder die Besetzung zu steigern.

Nebst der Kontrastbildung kommen damit zusätzliche Aspekte wie Wiederholung und Variation ins Spiel. Voraussetzung für diese Übung ist die Fähigkeit, sich zu erinnern, was, wie die Erfahrung zeigt, am Anfang nicht ganz einfach ist. Die erste Orientierungsebene ist das eigene Spiel (Was habe ich im Teil A gespielt?), die zweite das Sich-Erinnern an die gesamte repräsentative Textur des A-Teils (Welches waren die typischen Merkmale des Teils A?). So kann A' auch in unterschiedlicher Besetzung zu A gespielt sein.

Die gleiche Übung lässt sich wiederholen, aber jeweils nur unter Berücksichtigung eines gestalterischen Aspekts, also zum Beispiel: «Gestaltet eine A-B-A-Form nur durch wechselnde Besetzung» (mit dem Zweck, die Instrumentierung als formales Gestaltungsmittel erfahrbar zu machen). Oder: «Unterscheidet die einzelnen Teile durch deutliche parametrische Gestaltung (z.B. A leise, B laut etc.)». Weiter kann auch eine Rondoform (A-B-A-C-A-D) improvisiert werden. Dabei geht es insbesondere darum, schnell zu erkennen, wann der A-Teil wiederkehrt. Dabei soll auch versucht werden, die A-Teile durch kleine (parametrische) Variationen

---

93 Vgl. Kasten «Miniaturenreihe».

94 Vgl. «Musikalische Aspekte/Material/Parametrische Gestaltung des Materials».

95 Vgl. Kasten «Orientierung in der Gruppe».

spannend zu halten. Wie sehr kann das Spiel verändert werden, ohne die grundsätzliche Identität des Teils A zu verlassen?

Übung: Spielt im Wechsel «Tutti-Solo-Tutti»

Das Entwickeln eines formalen Bewusstseins in Klangprozessen hilft allen Beteiligten, sich zu orientieren und mit einem begrenzten Materialaufwand Bezüge innerhalb eines Stücks herzustellen und dessen Verlauf zu steuern.

Hier geschieht die Formbildung durch Besetzungswechsel. D.h. der (formbestimmende) Wendepunkt ist immer dann erreicht, wenn jemand alleine spielt. Interessant ist zudem das Verhältnis der Solist*innen zum Ganzen: Wie beeinflussen die beiden Besetzungen einander? Welche Beziehungen in Bezug auf Material und Spiel entstehen zwischen Solist*in und Tutti?

Weiterführend sollen die Übergänge genauer betrachtet werden, also: Spielt möglichst unterschiedliche Übergänge vom Solo zum Tutti.

Entwicklung und Übergang

In einer improvisatorisch entstehenden Form ist meistens allen klar, wann man in einem neuen Teil angelangt ist. Auch markante Punkte, die in einem Stück ein Seitenumschlagen, ein neues Kapitel bedeuten, sind gut erkennbar, seien es dynamische Höhepunkte, Generalpausen, Schnitte, markante Besetzungsänderungen, etc. Sukzessive Übergänge sind während des Spiels schwieriger zu verorten. Seit wann zeichnet sich ein Weitergehen ab, überlappen die Teile, wird Material entwickelt oder verlässt man es zugunsten von neuen Ideen? Im Allgemeinen besteht die Tendenz, Übergänge nicht gut einzuteilen und zu schnell «kippen» zu lassen. Die folgenden Ansagen und Übungen zielen auf ein bewussteres Formspiel hin, bei dem Übergänge nicht nur daraus bestehen, die Suche nach einem neuen Teil zu überbrücken, sondern aktiv gestaltet werden.

Ansage: Beobachtet Verläufe in den gespielten Stücken. Gibt es verschiedene Teile? Wie werden Übergänge gespielt?

Gefördert wird damit die Fähigkeit, Übergänge in Bezug auf Gestalt, parametrische Behandlung und Wirkung zu erkennen.

Dabei sollen die Beobachtungen je nach Spiel- bzw. Gesprächssituation mehr oder weniger detailliert erfolgen. Mal reicht das Erwähnen von Unterschieden wie «fließend oder hart» aus. Ein anderes Mal analysiert man parametrische Details oder die Beschreibung von Wesen und Wirkung.

Die vielfältige Beobachtung von Übergängen ist ein sehr wichtiger Analyseansatz. Beschreibt man Veränderungen von Gestalten, geht man zugleich auf deren Wesen ein und erfasst insofern wichtige Aspekte eines Stücks? Was ist das Wesen eines Übergangs, was zeichnet ihn aus? Ist es das Verlassen des Alten oder eher das Suchen des Neuen? In welchem Verhältnis stehen Art und Qualität des Übergangs zu den Abschnitten zuvor und danach? Wie stark unterscheiden sich die Teile vor und nach dem Übergang überhaupt? Wie agiert das Kollektiv, wie der/die Einzelne? Oft ist nicht genau zu benennen, wo ein neuer Teil beginnt, aber es ist allen klar, wann ein neuer Teil begonnen hat. Dies betont die zentrale Stelle der Übergänge und Verläufe in der improvisierten Musik. Insbesondere nützlich sind Aufnahmen oder grafische Notationen, um gespielte Formverläufe zu analysieren und zu skizzieren.

Übung: Spielt auf unterschiedliche Weise von A nach B.

Die Übung fördert das aufmerksame Gestalten von Übergängen und Entwicklungsprozessen.

Dabei sind die Teile A und B zuvor definiert (mit klaren parametrischen Angaben) und ggf. geübt. Dann spielt das Ensemble unterschiedliche Übergänge von A nach B. Zum Beispiel: A besteht aus kurzen, leisen Tönen; B besteht aus langen kräftigen Tönen. Übergänge werden bezüglich der parametrischen Entwicklung bewusst gestaltet. Thematisiert wird einerseits die wiederholte Abrufbarkeit der Materialien von A und B (präzises Erinnern, Wiederholung, Imitation). Andererseits geht es darum, von etwas schon Bekanntem ausgehend verschiedene Wege zu etwas hin zu untersuchen. Ein Fokus kann auf den Unterschied zwischen individueller Entwicklung und der der Gruppe gelegt werden, denn Übergänge können auch gestaffelt gestaltet werden. Es ist auch möglich, je nach Gestalt und Dauer der Teile A und B eine ungefähre Übergangszeit zu bestimmen (30“, 2‘ etc.).

Übung: Spielt eine Klangsituation, die keine formale Entwicklung verlangt.
Übung: Spielt einen ziellosen Klangverlauf – wie Instrumente, die zusammen «spazieren» gehen.

Hier sollen Klangbilder entwickelt werden, die qualitativ so stark sind, dass sie über eine gewisse Dauer tragen.

Das heißt: Ein Klangbild soll vertieft werden, man strebt nicht permanent Entwicklung und Veränderung an. Diese Klangbilder können sukzessive entstehen (eine Spielerin beginnt; die weiteren Spieler*innen ergänzen) oder aber auf Einsatz mit allen gemeinsam (Vorübung zu «Schnelle Wechsel»[96]), um das «zufällig» entstehende Klangbild schnell wahrzunehmen und als interessante Qualität zu nutzen.

Dabei lernt man, Klangbilder, die man mit der sukzessiven Spielweise seltener entdeckt, als Qualität wahrzunehmen, auszubauen und zu stabilisieren. Tendenziell besteht oft ein Drang nach Entwicklung zu einem Höhepunkt hin (meist auf Dynamik und vom Dichtegrad beschränkt), was nicht immer zwingend ist.

Schließlich lässt sich die Übung ausweiten, indem man eine Reihe von kompakten, sich formal nicht entwickelnden Stücken spielt und entscheidet, welche Dauer sie haben sollen und wie sie aufeinander folgen. Dabei wird insbesondere beachtet, wie lange die Pausen zwischen den Stücken dauern.

Zu unterscheiden ist zwischen einer Spielweise, die zu einem eher statischen Ergebnis führt, und einer scheinbar absichtslos voranschreitenden Musik, die keine Weiterentwicklung anstrebt.

Übung: Spielt eine Entwicklung, die nicht auf den Parametern Dynamik und Dichte basiert.

Der Fokus soll auch auf andere, ungewohntere Verläufe gesetzt werden.

Häufig wird beobachtet, dass Entwicklungen ausschließlich von leise zu laut oder durch Verdichtung geschehen. Hier wird Klangfarbe zum Thema, Artikulation (unauffälliges «Reinschleichen» bis zum prägnanten Einstieg), polymetrisches Schichten, Entwicklung von freier Metrik zu Puls, also Wechsel von metrischem und ametrischem Spiel und Spiel mit Besetzungswechseln.

Schlussfindung

Der Schluss eines Stücks ist Ausdruck einer «Schlüssigkeit». Das heißt, wenn ein Stück musikalisch interessant ist, wenn die Interaktionen inspiriert sind und in optimaler Form dem Ganzen dienen und wenn der Spannungsverlauf gestalterisch zwingend ist, gelingt der Schluss meist selbstverständlich. Was aber macht einen gelungenen Schluss aus? Er wird von den meisten Beteiligten als «zum richtigen Zeitpunkt» und «in der angemessenen Form» wahrgenommen.

Einen gemeinsamen Schluss finden kann heißen, dass alle (oder die meisten) bis zum letzten Ton relativ aktiv spielen. Einen gemeinsamen Schluss finden heißt aber auch, dass das Abschließen oder das Verlassen eines Stücks möglicherweise von einer mehrteiligen Form, von Kontrasten im Verlauf und im Zusammenspiel unterschiedlicher Materialien oder anderweitig komplexen Strukturen geprägt ist.

96 Siehe Kasten «Schnelle Wechsel».

Das verlangt nach einer umfassenden Einschätzung aller musikalischen Ereignisse und nach einer kollektiven Entscheidung, die Ereignisse genügend ausgestaltet oder ausgeschöpft zu haben und das Stück nun beenden zu können.[97]

Wie in komponierter Musik auch haben unterschiedliche Schlüsse eine ganz unterschiedliche Wirkung. Ein langsames Ausblenden kann ein Überführen zurück in die Stille meinen oder aber darauf hindeuten, dass die Musik weitergeht, auch wenn wir sie nicht mehr hören. Ein abrupter Schnitt kann wirken wie eine zufallende Tür. Welche Wirkung dabei genau erzielt werden soll, ergibt sich aus dem vorausgegangenen Stück. Oft wird dem jedoch bei der Schlussfindung zu wenig Bedeutung beigemessen (oder es fehlt die Erinnerung). Man gibt sich zufrieden, zusammen fertig geworden zu sein, statt bis zum Ende zu gestalten und dem Stück die angemessene Schlussgeste zukommen zu lassen.

Ansage: Beobachtet, wie Schlüsse ausfallen.

Diese Ansage führt zur Erkenntnis, dass ein Schluss, das Beschließen einer Sache, mit dem ganzen Stück zu tun hat.

Nach mehreren Stücken mit unterschiedlichen Schlüssen (oder einem Stück mit Teilschlüssen) werden dabei die Schlüsse analysiert und beurteilt. Dieses Beurteilen des Schlusses wird immer mit der Qualität des ganzen Stückes zu tun haben. War der Schluss «logisch», «überraschend», «überdeutlich», «zu lange» etc.? War er für alle klar? Ab wann hat sich im Stück die Schlussfindung abgezeichnet? Was bedeutet es, wenn ein Stück «ausfadet» (decrescendo al niente) – oder mit einem abrupten Schnitt endet? In welchem Verhältnis stehen Gesamtform und Schluss?

Übung: Macht einen atypischen Schluss.

Dadurch soll das Bewusstsein für typische und atypische Schlussfindung gestärkt und Varianten erprobt werden.

Typische Schlüsse sind nämlich oft die eher klischeehaften Schlüsse: «morendo», «Ausblenden», klarer gemeinsamer Schlusston, «Schlussritardando». Diese Schlüsse sind grundsätzlich bei vielen Stücken möglich. Hier sollen Varianten aufgezeigt werden. Um das Verhältnis von Stück und Schluss zu erforschen, nehme man sich die

---

97 George E. Lewis hat eine improvisierende Software geschrieben, die mit einer*m Mitspielenden auf erstaunliche Weise reagiert. Allerdings ist das Programm bis heute nicht dazu in der Lage, Schlüsse zu finden, sondern muss per Knopfdruck gestoppt werden. Offenbar wohnt nicht nur dem Anfang «ein Zauber inne», auch die Schlussfindung bedarf des menschlichen Bewusstseins.

oben erwähnten Schlüsse vor. Weitere Möglichkeiten sind zum Beispiel ein Schnitt und plötzlicher Abbruch[98], ein Ausdünnen der Stimmen, ein «Schlusscrescendo» (statt des üblicheren Decrescendos), ein Schlusssolo, etc. Auch hier soll man sich der Gruppenklischees bewusstwerden.

Die Übung, ganz bestimmte Schlüsse auszuführen, kann Schwierigkeiten verursachen. Denn die Spielweise kann während des Stücks zu stark durch das Schlussvorhaben abgelenkt werden. Hilfreich kann dabei sein, unterschiedliche Spielanlagen vorgängig zu formulieren, zunächst unabhängig vom Schluss, um das Spiel überhaupt in Gang zu bringen. Bei der gleichen Spielanlage können dann verschiedene Schlüsse ausprobiert und umgekehrt verschiedene Spielanlagen mit dem jeweils gleichen Schlussvorhaben abgeschlossen werden.

Übung: Versucht gemeinsam zu schließen.

Angestrebt ist eine möglichst klare Schlussfindung, die höchste Ansprüche ans gemeinsame Ausschöpfen einer Spielsituation stellt.

Von zentraler Bedeutung ist hier, die gemeinsame Spannung bis zuletzt aufrechtzuerhalten. Dies ermöglicht erst, aus einem dichten Spiel auf einem zufällig gefundenen gemeinsamen Klang augenblicklich zu stoppen. Gemeinsam bedeutet insbesondere: rhythmisch gleichzeitig, oft zusätzlich auch tonal oder klanglich zusammenfallend. Dies sind meist glückliche Zufälle, auf die jedoch auch hin gespielt werden kann. Bei größter Aufmerksamkeit aller kann aus einem sehr dichten Spiel urplötzlich geendet werden. Hilfreich ist es dabei, eine individuelle Spielweise zu haben, die trotz hoher Dichte Akzente und (kurze) Pausen setzt, beides kann den Impuls für einen plötzlichen Schluss bilden.

Zusammen zu schließen kann jedoch auch heißen, einen gemeinsam gehaltenen Klang gleichzeitig zu beenden, auch dies erfordert eine hohe Aufmerksamkeit.
Eine weitere Möglichkeit wäre: Alle beginnen zusammen auf Zeichen und versuchen aus der vorgefundenen Materialsituation so schnell wie möglich einen Schluss zu bilden.[99]

Ansage: Zeichnet sich ein Schluss ab, bringe kein neues Material.

Hier geht es darum, eine Schlussfindung zuzulassen, auch wenn man selber nicht aktiv beteiligt ist.

---

98 Vgl. «*I Want You*» der Beatles, bei dem John Lennon das Ende bestimmte, indem er das Aufnahmeband durchschnitt.

99 Vgl. Kasten «Phasenspiel».

Das Ziel dieser Ansage ist scheinbar einfach und doch komplex. Es geht um die Fähigkeit, einschätzen zu können, ob ein sich abzeichnender Schluss vom Kollektiv angestrebt wird und ob beim laufenden Geschehen neues Material diesen Schluss verhindern würde. Dies verhindert, dass ein Schluss verpasst wird, weil jemand noch neues Material ins Spiel bringt, das dann verarbeitet werden muss. Falls dies allerdings geschieht, bedarf es einer schnellen Neuorientierung der Gruppe. Das Stück ist erst zu Ende, wenn dies alle beschließen, also darf man sich einer neuen Wendung, auch wenn sie unerwartet ist oder als falsch empfunden wird, nicht verschließen, um das Stück nicht scheitern zu lassen.

Eine neue Idee kann manchmal aber auch der Schlussfindung eine gute Wendung geben, vor allem dann, wenn sie als überraschender Seitengedanke im Bewusstsein des sich schließenden Stücks erfolgt.

Phasenspiel

Das Phasenspiel[100] ist eine Kollektivübung, die homogenes Spielen mit Reaktionsschnelligkeit verbindet. Es basiert auf Lilli Friedemanns gleichnamiger Übung in: *«Einstiege in neue Klangbereiche durch Gruppenimprovisation. Improvisationspraktiken.»*[101] Diese Phasenspielreihe ist verwandt mit dem Kasten «Miniaturenreihe», unterscheidet sich aber davon durch einen klaren Übungsaufbau.

Übung: Alle beginnen und schließen ein Kollektivspiel gemeinsam und reaktionsschnell.

Ziel ist das schnelle Erfassen der kollektiven Aktivität und die Reaktionsschnelligkeit.

In einer Vorübung kann das Beginnen und Schließen noch über Handzeichen geschehen. Danach folgt die eigentliche Übung ohne Dirigieren. Es geht fürs erste um den möglichst präzisen gemeinsamen (gleichzeitigen) Anfang und Schluss.[102] Bei dieser Übung sollen alle Mitwirkenden gleichförmig (eher repetitiv, aber nicht zu streng) spielen. Das musikalische Ergebnis ist sekundär. Bedingt durch die einfach scheinende Übungsanleitung entsteht nicht nur der

100 Eine Phase ist eine gemeinsame Spieldauer.

101 Friedemann (1973), S. 16: «Alle beginnen gleichzeitig und hören auch gleichzeitig wieder auf, beides ohne irgendeine Art von Signal und ohne einen voraus bestimmten Anführer.»

102 Vgl. Kapitel «Musikalische Aspekte/Form/Anfang» sowie die Übung «Auf Zeichen beginnen alle zusammen.»

wache Fokus auf diesen Start- und Schlusspunkt der Spielphase, sondern auf alles, was sich dazwischen ereignet.

Übung: Spielt zwei dieser gemeinsamen Phasen hintereinander, die einander in einem oder mehreren Parametern kontrastieren.

Nebst dem schnellen Reagieren bei Start und Schluss muss jetzt auch der Spielcharakter schnell erfasst werden.

Bei der Unterscheidung der zwei Phasen (z.B. in der Dauer und in der Lautstärke) ist es besonders spannend, wenn man offen lässt, welche Phase lauter, welche länger sein soll. Weitere Charakterkontraste (schnell/langsam, kurze/lange Töne, mit/ohne Puls, nervös/ruhig etc.) lassen die musikalische Qualität der Phasen erfahrungsgemäß interessanter werden. Die Aufgabenstellung, zeitgleich zu starten und zu schließen, wirkt sich zudem nicht nur auf die Präzision des Start- und Schlussmomentes aus, sondern fördert ebenso die Wachheit und das permanente genaue Hinhören während der ganzen Spielphase. Ein positiver Nebeneffekt ist übrigens, dass solch homogene Spielweisen als typische und dankbare Gestaltungsformen erprobt und erkannt werden.

Die Aufgabe, zeitgleich zu starten und zu enden, soll im Verlauf der Übungsfolge relativiert werden. Je mehr Parameter hinzukommen, desto anspruchsvoller wird die Aufgabe. Die wache Präsenz beim Start des kollektiven Spiels bleibt trotzdem erhalten, wenn auch nicht alle tatsächlich spielen. Es findet eine Verinnerlichung statt, die die Qualität auf höchste Weise befruchtet.
Wie bei einigen Übungsreihen ist auch hier, im Sinne des Überführens in die Freie Improvisation, das Spiel einer Reihe von sich kontrastierenden Miniaturen zu empfehlen.

Stil

Idiomatische bzw. stilistische Fragen sind zentral und komplex.[103] Derek Baileys Aussage, dass in der Freien Improvisation das «Nicht-Idiomatische» eine Bedingung des Kollektiv-Verfahrens sei, wird immer wieder diskutiert.[104] Der Begriff «Idiom» wird im Zusammenhang mit Eigenschaften von Sprachen, Dialekten und Soziolekten verwendet. Die Verwendung des Begriffs im musikalischen Zusammenhang ist insofern sinnvoll, als damit die Bindung an eine bestimmte soziale/ästhetische Gruppe (beispielsweise von Bebop-Musiker*innen) herausgestrichen wird. «Nicht-idiomatisch» meint also, dass Gruppen mit unterschiedlicher musikalischer Sozialisation beziehungsweise musikstilistischen Hintergründen zusammenkommen, dabei aber ihre jeweiligen Idiome zugunsten der gemeinsam entstehenden Musik «aufheben».

Repertoire

Es geht hier nicht um jenes Repertoire, also die Werkliste, die ein*e Musiker*in oder ein Ensemble einer*m Konzertveranstalter*in anbietet. Es geht in einem weiteren Sinn um einen stilistischen Erfahrungsschatz, um Musik, die man vielleicht gespielt hat oder der man zumindest hörend begegnet ist, also um die grundsätzliche Auseinandersetzung mit möglichst vielen musikalischen Idiomen und Stilen. Die Beobachtung des eigenen Werdegangs, des eigenen «Rucksacks» und der daraus resultierenden eigenen ästhetischen Position steht im Fokus. Das sind nun allerdings zwei verschiedene Dinge, die dennoch zusammenhängen. Mit jedem Hören irgendwelcher Musik findet ein Dialog mit der eigenen Position statt. Können Materialien überhaupt aus einer Musik stammen, die ich nicht schon einmal gespielt oder zumindest gehört habe? Wie kann ich Repertoirematerialien so verwenden oder gestalten, dass sie mehr und mehr zu meiner eigenen musikalischen Sprache werden?[105]

---

103 Idiom und Stil auszudifferenzieren wäre eine Arbeit für sich. Das rührt teilweise daher, dass die Begriffe aus unterschiedlichen Kontexten stammen. Idiom (das aus dem Kontext der Sprache stammt) meint vielleicht eher die gewachsenen Eigentümlichkeiten einer Ausdrucksweise, während man bei Stil eher von einer ästhetischen Prägung sprechen kann. Man kann also ein stilistisch neobarockes Stück im jazzigen Idiom interpretieren. Sogleich wird jedoch deutlich, wie schwammig die Begrifflichkeit bleiben muss. Wir tun unser Bestes.

104 Bailey (1987), S. 11. Vgl. dazu die Haltung des japanischen Gitarristen Keiji Haino: «I want to play all music, not rock, not jazz, not classical: everything. Once you are aware of this, the only answer is total freedom» (https://www.japantimes.co.jp/culture/2017/07/18/music/keiji-haino-at-65-i-want-to-be-a-bad-boy-right-until-the-end/#.XREwMnvgoWo). – «Ich möchte alle Musik spielen, nicht Rock, nicht Jazz, nicht Klassik, alles. Wenn Du Dir dessen einmal bewusst bist, ist die einzige Antwort totale Freiheit.» (Übers. von den Autoren]

105 Der amerikanische Bassist Barre Phillips äussert sich dazu in einem Interview 2007 wie folgt: «I play everything based on what my ear suggests that I play, with no objective editing. And my ear is fed by a pool of accumulated musical experiences stored in my memory, mental memory and muscle memory. My active role is to do the best I can to play on my instrument what my

Ansage: Hört euch stilistisch unterschiedliche Musik an.
Übung: Spielt zu Hause Musik aus unterschiedlichen Bereichen.

Erweiterung des eigenen Hörhorizonts. Bei der Arbeit am Repertoire entdeckt man Materialien oder Spielweisen, die in der Freien Improvisation verwendet werden können.

Das Hören verschiedenster Musik kann inspirierend wirken. Von diesen Hörerfahrungen lässt sich der eine oder andere Aspekt in der Freien Improvisation einsetzen. Hilfreich ist es, die gestalterische Ausrichtung zu ändern und sich das Üben am Repertoire gleichsam als Improvisation vorzustellen. Möglich ist auch, mit Ausschnitten respektive Motiven aus diesen Stücken zu arbeiten und sie umzuformen: Man löst z.B. eine klare und schlüssige Taktordnung auf und strebt ein starkes Rubato mit neuer Phrasierung an. Man variiert ein Motiv frei durch Veränderungen von Intervallen oder rhythmischen Details oder entwickelt es durch Wiederholung und Kontrastierung. Ein weiteres Vorgehen wäre die starke Verfremdung eines Motivs durch spezielle Artikulation oder Färbung.

Das spielerische Arbeiten mit Repertoirematerial bedingt eine offene Haltung. Im besten Fall dient dieses Experimentieren mit Repertoirematerial nicht nur der Auseinandersetzung mit Improvisation, sondern auch der instrumentaltechnischen Verankerung des Ausgangsmaterials und der grundsätzlichen ästhetischen Auseinandersetzung mit der Musik.[106]

Umgang mit Idiomen

Das Spielmaterial und das Spielverhalten der Mitwirkenden in einem Improvisationsensemble besitzt grundsätzlich idiomatisches Potenzial. Es gibt kaum (vokales oder instrumentales) Material, das nicht schon irgendwo gehört wurde und insofern einen Erinnerungs- und Bedeutungshintergrund mitbringt. Der gestrichene Klang einer Violine erinnert sofort an klassische Streichermusik und ist als solcher mit Bedeutung behaftet, auch wenn er noch so karg und monoton gehalten ist. Ebenso konnotiert ein Klarinettenschluchzer Klezmermusik und eine Trompete mit Har-

---

ear is suggesting. I hear my part almost as if it were already composed by someone else» (zitiert nach den Liner Notes zu seiner letzten Solo-CD «End to End» ECM, München, 2018.). – «Ich spiele alles auf der Basis, was mein Ohr mir zu spielen vorschlägt, mit keiner objektiven Schere im Kopf. Und mein Ohr schöpft aus dem Pool von angesammelten musikalischen Erfahrungen, die in meinem Gedächtnis gespeichert sind, dem mentalen und muskulären Gedächtnis. Meine aktive Rolle besteht darin, so gut ich kann auf meinem Instrument zu spielen, was mein Ohr mir vorschlägt. Ich höre meinen Part beinahe so, als sei er bereits von jemand anderem komponiert.» (Übers. von den Autoren]

106 Es würde – auch jenseits des Interesses für Freie Improvisation – jedem Bereich der musikalischen Bildung (also auch der Analyse, der Theorie und selbst der Gehörbildung) gut anstehen, solch improvisatorische Vorgehensweisen zu integrieren. Sie eröffnen den Blick auf andere Möglichkeiten und machen gleichzeitig deutlich, warum etwas so und nicht anders gemacht ist.

mon-Dämpfer Cool Jazz von Miles Davis. Wird auf diesen Instrumenten eine Tonfolge gespielt, entwickelt diese eine weitere (melodische) Bedeutungsebene. Eine Melodik kann typische Merkmale aufweisen, sie kann aber so konkret sein, dass sie als Zitat einer Komposition wahrgenommen wird. Bei der Vermittlungsarbeit geht es unter anderem darum, sich der idiomatischen Informationsdichte von Spielmaterial bewusst zu werden.

Gerade bei Studierenden (meist aus der Klassik), die wenig Improvisationserfahrung haben, ist es äußerst wichtig, sich des instrumentalen Klangarchivs, das durch die Repertoirearbeit bereitsteht, bewusst zu werden. Viele kommen zur Freien Improvisation und sind gehemmt, dieses Archiv zu nutzen, da sie denken, dass man mit diesem Material nicht frei improvisieren darf, und den Eindruck vermeiden wollen, sie würden aus dem Klangarchiv «zitieren». Das Ziel wäre hingegen, sich das Material auf die kollektive Spielsituation hin neu anzuverwandeln und es damit auch als neu kreierte Musik zu verstehen. Die Auseinandersetzung mit dem idiomatischen Gehalt des Materials und das Entdecken und Entwickeln neuer Anwendungen in der Improvisation bereichert die Studienarbeit. Mit zunehmender Erfahrung gewinnt man so eine größere Unabhängigkeit im Umgang mit Idiomen.

Ansage: Beobachtet die Artikulation bzw. den Einschwingvorgang bei eurer Klangerzeugung. Welche Charakteristika deuten sich da bereits an?

Der Fokus auf die Artikulation hat zum Ziel, den idiomatischen Charakter des Materials und der damit zusammenhängenden musikalischen Intention bereits bei der Klangerzeugung gut wahrzunehmen.

Jedes Idiom wird insbesondere durch eine eigene Artikulationsweise geprägt. Dadurch lässt sich ein*e Spieler*in häufig unabhängig vom Material einer musikalischen Herkunft (z.B. Jazz, Klassik, etc.) zuordnen. Umgekehrt verweist eine Artikulation, etwa der unmittelbare Anfang eines Klangs, also auch einer musikalischen Aktion, auf einen musikgeschichtlichen Background und stellt die Weichen für eine stilistische Richtung. Das kann ein jazztypisches Sforzato auf einer Posaune oder ein bereits mit Vibrato gestalteter Einschwingvorgang auf einer Geige sein. Die Beobachtung der Artikulation erfolgt insofern vor jener von Tonhöhe und Tondauer. Durch den Fokus auf den Einschwingvorgang und dessen idiomatische Konnotation entstehen neue Möglichkeiten des Ausdrucks: Der Klang wird quasi von seinem Idiom befreit.[107] Die Aufmerksamkeit auf diesen Parameter macht Sinn, da er eine

---

107 Vgl. John Butcher: «There exists the possibility of trying to play a music with no history» (Butcher (1998), S. XY). – «Man kann versuchen, eine Musik ohne Geschichtlichkeit zu spielen.» (Übers. von den Autoren]

besondere und unmittelbare Interaktionskraft im Kontext der Freien Improvisation hat.

Übung: Spielt kurze Tonfolgen, Motive oder Gesten und beobachtet, welche Merkmale sie tragen.

Ziel ist die Beobachtung und Wahrnehmung von idiomatischem/stilistischem Potenzial möglichst schon beim Spielansatz.

Diese Aufgabe kann man für sich alleine ausführen oder als Solo vor der Klasse. Dabei lohnt es sich, Figuren zu wiederholen, um die Beobachtung zu vertiefen. Anschließend soll mit Figuren im Kollektiv gespielt werden, ebenfalls in Wiederholungen, um das Material und das Zusammenwirken genau beobachten zu können. Dabei ist es interessant, wo stilistisch ähnlich oder unterschiedlich gespielt wird und wo allenfalls Annäherungen stattfinden.

Ansage: Beachtet, welche stilistischen Spielweisen ihr anstrebt oder ausschließt – bewusst oder unbewusst.

Ziel ist hier, die Präsenz von Stilelementen im Gruppenspiel zu beobachten, um bewusster entscheiden zu können, wie stark sich eine Idiomatik/Stilistik (mit allen Konsequenzen und Tücken) im Kollektiv etablieren soll oder nicht.

Auch hier achtet man primär auf das eigene Spielmaterial. Je besser diese Wahrnehmungsfähigkeit entwickelt ist, desto mehr ist man fähig, die darin enthaltenen stilistischen Elemente zu nutzen und auszubauen. Wie diese Ebenen im Zusammenspiel aufeinandertreffen ist vorerst von sekundärer Bedeutung: Es besteht also weder der Zwang, sich einer bestimmten stilistischen Spielweise anzuschließen, noch sie auszuschließen. Mit etwas mehr Erfahrung gilt es zu entscheiden, ob sich einzelne Spielweisen im Kollektiv durchsetzen oder ob ein Übereinanderschichten im Sinne einer Collage interessant sein könnte.

Anfängergruppen, die sich stilistischer Fragen noch wenig bewusst sind, geraten andererseits oft in stilistische Fahrwasser und erachten dies zunächst sogar als reizvoll, bis sie merken, dass die freie Selbstbestimmung respektive die musikalische Qualität nachlässt. Mangelnde Stilerfahrung führt zu Resultaten, die unter der Erwartung bleiben. Auch fehlt das Geschick, wieder aus dem «Fahrwasser» herauszufinden, sich vom Stil zu befreien respektive die stilistischen Anleihen als Ausgang für interessante neue Gestaltungsformen zu nutzen. Hier gilt es, solche Eskapaden schnell zu erkennen und sie zu einem spannenden Abenteuer umzugestalten.

Stilistische Offenheit

Gefragt ist hier auf jeden Fall eine Offenheit im Umgang mit anderen Idiomen und Stilen, denn in der Freien Gruppenimprovisation treffen mehrerer Musiker*innen mit individuell unterschiedlichen Hintergründen aufeinander. Diese Situation ließe sich eher als »Poly-Idiomatik/Polystilistik« bezeichnen. Abgesehen von gewissen materiellen oder ästhetischen Gemeinsamkeiten, die vielleicht von vorneherein bestehen oder sich bei der Interaktion entwickeln, ist die idiomatische/stilistische Ausrichtung beim Entstehen eines Stücks immer ein besonderes Thema. In der gemeinsamen Arbeit über längere Zeit werden sich bestimmte Gemeinsamkeiten herausschälen und etablieren, etwa ein typisches musikalisches Material, eine bestimmte Klangästhetik oder eine charakteristische Ereignisdichte. So entwickelt sich ein z.B. von Jazz und Klassik gleichermaßen geprägtes gemischtes Gruppenidiom oder gar ein Gruppenstil, der oft auch von der Lehrperson mitgeprägt wird. Eine entwickelte, selbstkritische Haltung muss es sich dann zur Aufgabe machen, die lebendige Modulierbarkeit dieser Gemeinsamkeiten beizubehalten und Genügsamkeit oder Stagnation aufzuspüren. Eine Gruppencharakteristik zeichnet sich dadurch aus, wie mit etablierten Stilbildungen und Klischees umgegangen wird, wie sie reflektiert und in Frage gestellt werden.

Eine Gruppe muss sich im Spielverlauf klarwerden, was gilt. Wenn verschiedene Baumeister ein Haus bauen, einer jedoch einen manieristischen Palast plant, ein anderer ein aus Ästen gezimmertes Baumhaus und ein weiterer ein modernistisches Betongebäude, birgt das offensichtliche Probleme in sich. Allenfalls – um im Bild zu bleiben – ergibt sich ein eklektisches Gebäude mit einer brutalistischen Struktur und einem barock-verschnörkelten Anbau.

Ansage: Versucht euch von sich anbahnenden Idiomen/Stilen zu lösen.
Übung: Lasst euch in eine sich abzeichnende Stilrichtung «treiben» und versucht euch wieder davon zu entfernen.

Ziel hier ist, sich zwar ein Stück weit auf einen Stil einzulassen, dies jedoch als ein Spiel von Annäherung und Entfernung zu verstehen.

Die Annäherung besteht darin, eine stilistische Richtung zu vereinbaren und auf unterschiedliche Weise einzusteigen: von Spieler*in zu Spieler*in / plötzlich relativ schnell zusammen / nur von einem Teil der Gruppe; die andern bleiben bei der ausgehenden Spielweise.

Die Entfernung kann erfolgen: durch den langsamen Übergang in einen neuen, unbestimmteren Bereich / von Spieler*in zu Spieler*in / durch plötzlichen Abbruch der Stilphase, jedoch nicht Abbruch des Stücks, denn einige Spieler fahren auf eine neue Weise fort / einige kontrastieren den entstandenen Stil schon bald und bringen ihn zum Kippen.

Dabei ergeben sich neue Fragen: Wie steht die Gruppe grundsätzlich zu möglichen Stilformen? Strebt sie sie an? Wie gut kann sie in bestimmten Stilbereichen frei spielen respektive diese frei gestalten, so dass sich der Eindruck der Freien Improvisation auch in dieser Situation einstellt?

Ansage: Beobachte deine Reaktion auf das Erscheinen stilistischer Elemente.

Ziele sind das Bewusstwerden ästhetischer Vorbehalte (wenn es sie gibt) sowie das Erkennen von technischen Mängeln in einer fremden Stilistik.

In der Reflexion sollten folgende Fragen geklärt werden: Was beeinflusst den Entscheid, in einem bestimmten Stil mitzuspielen oder nicht? Ist es technisches Unvermögen, Lust oder Unlust? Sind es ästhetische Vorbehalte oder Dogmas? Entsteht die Regung, die anderen ihren Stil spielen zu lassen, oder der Impuls, kontrastierend dagegen zu spielen?

Ansage: Versucht, wenn sich ein Idiom/Stil abzeichnet, offen und beweglich zu bleiben.
Übung: Experimentiert mit unterschiedlichen Spielhaltungen einer Stilistik gegenüber.

Trotz idiomatischer oder stilistischer Vorprägung soll flexibel und einladend improvisiert werden.

In diesem Punkt unterscheidet sich die Freie Improvisation wesentlich von einer klassischen Interpretation, aber auch von einer stilgebundenen Improvisation. Steht bei diesen die «stilistisch angemessene» Gestaltung des Werks im Vordergrund, so ist Werk- bzw. Stiltreue beim freien Improvisieren nicht mehr wichtig. Im Gegenteil, die Musik erinnert zwar durch das vorgeprägte Material an diesen Stil, vermittelt aber durch eine mehr oder weniger starke Verwandlung dieser Stilelemente eine historische Distanz und gleichzeitig eine neue künstlerische Vision.

Allerdings sind die entsprechenden Möglichkeiten im Kollektiv erfahrungsgemäß beschränkt – was nicht bedeutet, dass man diesbezüglich nichts wagen sollte. Man kann unterschiedlich darauf reagieren:

– *Verfremdung*: Spielt ein kurzes Stück in einem bestimmten Stil und versucht es in einem zweiten Stück zu verfremden.

- *Kontrast*: Spielt ein kurzes Stück in einem bestimmten Stil und dann in einem zweiten Stück einen Kontrast dazu, sei es innerhalb dieses Stils, sei es in der Verwendung eines anderen Stils.
- *Stören, Brechen*: Ein Teil der Gruppe spielt in einer bestimmten Stilistik. Ein anderer Teil versucht, sie zu stören oder aufzubrechen.
- *Nicht-Spielen*: Ich überlasse den stilistischen Ausflug jenen, die ihn beherrschen, und warte auf den richtigen Moment, um weiterführend einzugreifen.
- *Collage*: Mehrere Stile mischen sich, evtl. sogar mit dem Einbezug konkreter Zitate.

Übung: Spielt kurze Zitate aus Werken eures Repertoires und mischt sie im Kollektiv zu einer *Collage*.

Ziel ist es, Zitate nicht als Gags oder Sabotageakte einzusetzen, sondern sie in den Kontext einzubinden, um eine neue musikalische Qualität zu erreichen.

Manchmal werden Zitate ins Kollektiv eingeworfen, um zu überraschen, zu stören oder in eine stilistische Richtung führen. Oft sogar fällt einer*m Spieler*in gerade nichts Anderes ein. In vielen Fällen fehlt dabei das Bewusstsein für die Wirkung. Die Collage wäre durchaus eine mögliche Form, mit Stilen zu spielen, kommt aber erfahrungsgemäß eher selten zum Zug.

Übung: Spielt mit einem einzelnen Zitat, variiert und verfremdet es.

Bewusstwerden der spezifischen musikalischen Wirkung eines Zitats und seiner Umgestaltung.

Ein Zitat lässt sich auf jeder Parameterebene variieren oder verfremden. Man kann Intervalle oder Rhythmen verändern, Töne hinzunehmen/ weglassen, schneller oder langsamer spielen, Klänge einfärben, fragmentieren etc. Interessant ist, wenn man ein Zitat gemeinsam bestimmt, und dann erst einmal alle suchen, erfinden und einander Möglichkeiten vorspielen. Daraus ergibt sich in der Reflexion die Frage, was denn das Zitat musikalisch ausmacht, welchen Kontext es um sich schafft und was durch die Veränderungen geschieht. Das Einbinden solcher Möglichkeiten in die Kollektivimprovisation ist der nächste Schritt. Dabei wird sicher thematisiert, wie stark die Zitate hervortreten und stilbestimmend sind oder ob sie eher im Sinne einer Collagewirkung auftauchen und wieder verschwinden.

Übung: Wählt einen bestimmten Modus oder eine Tonreihe und versucht damit in verschiedenen Stilen zu spielen.

Da sich die Musiktheorie stark mit Tonarten und Modi befasst, ist das Ziel hier die Erkenntnis, inwiefern diese einen Stil oder ein Idiom ausmachen respektive welchen Anteil sie verglichen mit weiteren Parametern daran haben.

Eine Zwölftonreihe zum Beispiel ist eines der schwierigsten Materialien für eine Improvisation, sicherlich aber eine gute Übung. Einfacher ist das Spiel in ‚Freier Atonalität', mit der Aufgabe, möglichst regelmäßig sämtliche zwölf Töne zu spielen, aber eben nicht in strenger Reihenfolge. Mit einem Modus (dorisch, Ganzton etc.) zu arbeiten, ist einfacher und führt ebenfalls zu Momenten, in denen Stilistisches aufscheint.

Schlussbemerkung: Etliche der in diesem Kapitel «Musikalische Aspekte» behandelten Fragen tauchen in nicht unähnlicher Weise auch im Kompositions- oder sogar im Theorieunterricht auf. Umso bedeutender ist es, nochmals darauf hinzuweisen, dass sie hier nicht isoliert erscheinen, sondern in Bezug auf die Interaktion bzw. auch auf eine permanente Reflexion erprobt und erforscht werden: Sie sind gleichsam «im Spiel», sind der Unvorhersehbarkeit der Freien Improvisation im Kollektiv unterworfen und werden in jedem Moment neu verhandelt. Wie Interaktion und musikalische Gestaltung ineinandergreifen, wird in der Reflexion bzw. im folgenden Kapitel «Reflexionsaspekte» thematisiert.

REFLEXIONSASPEKTE

Der letzte Teil unseres Buches behandelt weitere zentrale Methoden der Vermittlungsarbeit: das Nachdenken über Musik, Besprechen, Analysieren, Kritisieren und Beurteilen.[108] Die Reflexion ist ein grundsätzlicher Bestandteil zur Förderung der Wahrnehmung. Sie vergegenwärtigt die Überlegungen während des Spiels und deckt auch Mängel oder Missverständnisse auf. «Reflexion ist sprachliche Metakommunikation nach der Improvisation über die musikalische Kommunikation während der Improvisation.»[109] Das dabei verwendete Vokabular wiederum ist wichtig für das Erkennen von Gestaltungsaspekten innerhalb der musikalischen Prozesse – man hört, was man weiß. Gleichzeitig findet die Reflexion auch unmittelbar während des Spielens statt. Diese beiden Ebenen sind in ihrer Verknüpfung zu betrachten und sollen nur zum Zweck der genauen Analyse getrennt werden. Natürlich gibt es auch hier eine gleichsam offene wie eine durch die Gesprächsleitung fokussierte Form des Diskutierens. Neben den sozialen und musikalischen Aspekten wird die Reflexion zuweilen selber zum Gegenstand der Gespräche, was auf eine Metaebene, zur Reflexion über die Unterrichtssituation, führt.

Die Beobachtung von musikalischen Vorgängen geht gerade in der Freien Improvisation oft mit der Beobachtung sozialer Vorgänge einher – kaum verwunderlich bei einer Form kollektiver Kreation. Interessant ist dabei, dass dieser Zusammenhang von Studierenden respektive Studierendengruppen ganz unterschiedlich wahrgenommen wird. Je nach Gruppe werden soziale Verhaltensweisen sogar vor den musikalischen Fragen thematisiert. Andere Gruppen wiederum vermeiden bewusst oder unbewusst diese sozialen Aspekte. In diesem Fall ist es die Aufgabe der Dozierenden, sie zu thematisieren. Denn im Gegensatz zur komponierten Musik, wo die sozialen Beziehungen durch Tradition, Hierarchie und Notation vorgeprägt sind, bleiben sie in der Freien Improvisation stets offen. Sie ergeben sich aus dem Spiel. Deshalb sind sie für die Gestaltung des Klangprozesses mitentscheidend. Das Wissen um die unterschiedlich möglichen sozialen Positionen in einer improvisierenden Gruppe und die Reflexion darüber erweitern das gestalterische Potenzial. Im Folgenden erläutern wir einige Aspekte der Reflexionsarbeit.

---

108 Vgl. Kapitel «Vermittlungsarbeit/Methode und Vermittlungskompetenz».

109 Bruno Frischherz, Kommunikationswissenschaftler, Dozent an der Hochschule Luzern – Wirtschaft, in einer Mail an die Autoren.

Meinungsäußerung

Wenn man über Musik gemeinsam nachdenken will, ist es nicht nur notwendig, die eigene Meinung zu äußern, sondern auch, dafür eine spezifische Sprache zu entwickeln. Das ist ein wesentlicher Aspekt dieser Art des Unterrichtens. Grundsätzlich ist es bei der Lancierung des Gesprächs wichtig darauf hinzuweisen, dass jeder und jede die persönliche Meinung offen äußern kann. Diese Gesprächskultur beruht auf einem wechselseitigen Vertrauen, das durch die Reflexion gestärkt werden soll. Hier ist die Wahl der Sprache und der Formulierung wichtig: Sie kann sehr subtil eingesetzt werden.

Ideal ist, wenn sich das Gespräch ganz von selber und ohne Impuls der Lehrperson ergibt. Das ist erfahrungsgemäß erst in einem späteren Stadium der Zusammenarbeit selbstverständlich. Um zu Beginn der Arbeit ihren Einfluss zu relativieren, kann die Lehrperson anmerken, dass sie vorerst keine bestimmten Erwartungen an den Gesprächsinhalt hat. Mögliche Impulse sind: «Was gibt es zu diesem Stück zu sagen?»; «Was habt ihr da eben gemacht?» oder «Beschreibt, was passiert ist». Das kann die musikalischen und/oder die interaktiven Aspekte betreffen. Alle sollen dabei zu Wort kommen, auch wenn sie sich hier unsicher fühlen. Die Beschreibung wird sich mit etwas Übung entwickeln und verfeinern. Hilfreich kann es sein, einzelne Phasen des Stücks herauszugreifen und sie mit Titeln oder Markierungen zu versehen. So kann man sich einen Überblick verschaffen und die Orientierung optimieren. Erst danach folgt die Aufforderung zur gegenseitigen Kritik, zur gegenseitigen Ermutigung und zu einem gemeinsamen Diskurs, aus dem heraus sich erst die Gruppe als solche bildet.

Wahrnehmungsperspektiven

Nicht nur beim Spielen selber, sondern auch im Gespräch und beim Nachhören ist die Frage zentral, worauf die Spielenden ihre Aufmerksamkeit richten: Auf sich selber und das eigene Spiel, auf jenes einer anderen Person, einer Gruppe, des Ganzen oder vielleicht auch atmosphärisch auf den entstehenden musikalischen Raum. Außerdem: Welche Details oder Parameter stehen im Vordergrund, welche Rollenzuweisungen und Interaktionen? Die Lehrperson kann diese Aufmerksamkeit durch jeweilige Ansagen und Übungen lenken und fördern, ja sogar durch nonverbale Kommentare während des Spiels. Wichtig: Die Perspektive kann sich (jederzeit) stark ändern und kann sehr unterschiedlich sein. Gleichermaßen muss sich jede und jeder dieser Perspektiven bewusst sein, weil sich daraus auch das kritische Hören ergibt. Wer Differenzierung im Leisesten anstrebt, wird vielleicht den dramatischen Bogen vernachlässigen – und umgekehrt.

Um das auf musikalischer Ebene zu verdeutlichen: Im Unterschied zur Arbeit an einer Komposition, bei der man vor- und zurückgehen und endlos streichen, ergänzen und korrigieren kann, ist bei der Improvisation nur immer das unmittelbar Vergangene, Gegenwärtige und Zukünftige verhandelbar. Die Gestaltung ist dadurch nie von außen abgesichert, sondern entwickelt sich stets von innen heraus. Dadurch rücken andere Aspekte zunächst vergleichsweise stärker in den Fokus der Betrachtung: das elementare Klangmaterial. Statt um elaborierte Texturen, komplexe Melodien und formale Strukturen geht es vielmehr um die sich über das Spiel äußernden Fragen des «Wer», «Womit» und «Wohin». Durch diesen zwangsläufig starken Fokus auf die gemeinsame Orientierung allein erfolgt oft die Gewichtung auf vernachlässigte Aspekte wie Dynamik, Artikulation und Klangfarbe, was das Kommunizieren unmittelbarer macht.

Um dies noch stärker zu Bewusstsein zu bringen, ist es wichtig, sich in der anschließenden Reflexion daran zu erinnern, worauf der Fokus während des Spiels lag und aus welcher Perspektive die musikalischen Prozesse wahrgenommen wurden. Von da ausgehend erst lässt sich die Wahrnehmungshierarchie umstellen, was erfahrungsgemäß die Möglichkeiten der musikalischen Kommunikation verbreitert.

Die Hierarchie der Aufmerksamkeit auf die verschiedenen Parameter spielt ebenfalls eine wesentliche Rolle in der Reflexion über die interaktiven Verhaltensweisen[110]. Wer erreicht durch sein Spiel eine höhere Aufmerksamkeit, wer weniger? In der Reflexion geht es nicht nur darum, den Anteil der verschiedenen parametrischen Aspekte an der Musik zu beleuchten, sondern auch welche Rolle ihnen beim Zusammenspiel zukommen und wie sehr sie die Aufmerksamkeit der Spielenden und – hypothetisch – auch der Zuhörenden lenken.

Umgang mit Befindlichkeit

Jede Kommunikation ist geprägt durch die Befindlichkeit der Teilnehmenden. Und so verwundert es kaum, dass sie im Zusammenhang mit einer so radikalen Kommunikationsform wie der Kollektivimprovisation eine Rolle spielt – in der musikalischen Interaktion, aber auch in der Reflexion. Gewisse Befindlichkeiten kommen dabei besonders stark zum Ausdruck. Aussagen zum Spielergebnis, zur Interaktion oder zum eigenen Mitwirken können bestimmt sein durch kindliches Reagieren, Amüsiertheit, durch starkes «Berührtsein», ja Betroffenheit oder gesteigerte Euphorie, durch Begeisterung. Auch Äußerungen von Lustlosigkeit, Feindseligkeit, Schüchternheit, Gleichgültigkeit oder Unwohlsein und Überforderung tauchen häufig auf.

---

110 Vgl. Kapitel «Musikalische Aspekte/Material/Parametrische Gestaltung des Materials».

Für die Lehrperson, ebenso aber für die ganze Gruppe bedeutet dies, empathisch damit umzugehen.[111] Andererseits können diese Befindlichkeiten vom Musikalischen ablenken und sogar zu Unstimmigkeiten in der Gruppe führen, vor allem wenn sich einzelne in ihre Befindlichkeiten und ihre Ich-Bezogenheit flüchten und/oder sich damit in den Vordergrund drängen. Derlei ist vor allem bei Mitwirkenden mit wenig Improvisationserfahrung zu spüren und verweist auf eine Unsicherheit, u.a. weil man sich selber noch zu stark beobachtet fühlt statt sich auf die Musik zu konzentrieren. Allgemeine und grundsätzliche Stressfaktoren (Perfektionsansprüche, unterschiedliche Niveaus in der Gruppe etc.) gehören zum musikalischen Tun und verhindern, sich auf Unbekanntes einzulassen.

Die Reflexion aber soll im kollektiven Entwicklungsprozess gerade diese interaktiven Zusammenhänge bewusst machen und zur Steigerung musikalischer Qualität motivieren. Man wird diesen vielleicht sehr heftig geäußerten Befindlichkeiten also zunächst respektvoll einen gewissen Raum gewähren, wird zunächst einfach nachfragen, welche Emotionalität in welchem Zusammenhang entsteht und wie stark dominierende Befindlichkeiten die Gestaltungsprozesse hemmen. Die anschließende Bitte, die Befindlichkeit anhand der Improvisation zu präzisieren, rückt das Spiel und die Musik selber wieder ins Zentrum des Gesprächs.[112] So lässt sich der Bezug zu den musikalischen Ereignissen herstellen: Alternativen im Spiel- und Beurteilungsverhalten, die diesem Unwohl- oder Überfordert-Sein entgegenwirken, werden erwogen, und letztlich gilt es, konkrete Empfehlungen in Richtung Spielverhalten, Spielmaterial etc. auch von Seiten der weiteren Mitwirkenden umzusetzen.

Zuweilen ist schlicht der Hinweis angebracht, Geduld aufzubringen und zu versuchen, Erwartungen oder Vorstellungen zu relativieren. Denn es bedarf verständlicherweise zunächst einmal positiver Erfahrungen, um freies Improvisieren als bereichernd und interessant zu erleben. Sollte dies alles nicht weiterhelfen, ist es manchmal nötig, solche Verhaltensweisen zu hinterfragen und notfalls einzuschränken.

Allgemein also wird die Aufmerksamkeit von der eigenen Befindlichkeit zu den konkreten musikalischen Ereignissen (zurück)gelenkt. Hilfreich ist es dabei, eine Aufnahme des Spiels nachzuhören. Dieser äußere Standpunkt erst relativiert die unmittelbaren Eindrücke und führt beispielsweise zur Erkenntnis: Das war ja gar nicht so schlecht, dabei habe ich mich so schlecht gefühlt. Dies ist eine Erfahrung,

---

111 «Empathie ist die Fähigkeit, sich in andere Menschen hineinzuversetzen, deren Emotionen zu erkennen, zu verstehen und mit ihnen zu fühlen. Um Empathie zu entwickeln, sind mehrere Faktoren von Bedeutung: Man muss den Anderen ernst nehmen und ihm auf Augenhöhe begegnen wollen» (Heitmann [2015], abgefragt von https://www.zeitgeisterjagd.de/weniger-bauch-und-mehr-kopf-bitte/#.XR7_uHvgon0).

112 «Es gibt keine Freundlichkeiten, es gibt nur Musik», sagt der deutsche Saxophonist Peter Brötzmann (abgefragt von https://skug.at/keine-freundlichkeiten-nur-musik/; 24.6.2019). John Butcher sagt: «Aber hast Du nicht einmal genug davon, von Dir selbst zu reden? Es gibt eine andere Welt des Musikmachens, in der Du hoffst, dass Deine Entdeckungen Deine Erwartungen übertreffen. Man sollte das nicht als Uninvolviertheit missverstehen.» (Zitiert nach Wilson [1999], S. 12)

die in jeder Bühnensituation auftreten kann und den meisten Studierenden bereits vertraut ist. Die möglichst «objektive» Beurteilung des eigenen Spiels kann geübt werden.

Ästhetische Reife und individuelle Präferenzen

Diese beiden umfassenden Themenkomplexe schließen unmittelbar an, denn gerade Befindlichkeiten und unbestimmte Erfahrungen prägen die ästhetische Reife mit. Ästhetik meint ursprünglich «sinnliche Wahrnehmung».[113] Die Wahrnehmung auch einer Freien Improvisation, bei der mehrere und unterschiedliche sinnliche und reflexive Vorgänge durcheinanderlaufen, ist nicht nur komplex, sondern wird auch stark individuell gewichtet. Der Erfahrungshintergrund und der durch Hörgewohnheiten ausgebildete persönliche Wahrnehmungsfilter führen zu individuellen Präferenzen und prägen gemeinsam mit diesen die ästhetische Position. Hier ist es für jede*n einzelne*n wichtig, seine/ihre Position zu erkennen, zu reflektieren und notfalls auch wieder davon abstrahieren zu können, wenn es darum geht, Qualitäten zu beschreiben und zu beurteilen. Ein Klangereignis erinnert dann nicht mehr bloß an eine bestimmte Hörerfahrung, sondern wird für sich im Moment erlebt.

Dies gilt umso mehr in der Auseinandersetzung und der Arbeit der Freien Gruppenimprovisation, wo die ästhetischen Positionen antipodisch sein können und manchmal heftig aufeinanderprallen. Die Tatsache, dass die gemeinsam produzierte Musik am Anfang wohl keiner der Erwartungen aller Mitspielenden entspricht, ist auch Quelle von Frustrationen und Unsicherheiten. Das Loslassen eigener Präferenzen zugunsten einer nicht vorhersehbaren Musik schafft erst die Voraussetzung für neue ästhetische Erfahrungen und führt womöglich später zu einer veränderten ästhetischen Haltung. Je höher die Bereitschaft ist, die Diskrepanz zwischen den kollektiven Klangerzeugnissen und den persönlichen Präferenzen als kreatives Potenzial zu verstehen, desto breiter und konstruktiver ist das Verständnis für den komplexen Prozess der Kollektivimprovisation. Hier also nicht mit Ablehnung, sondern mit Verständnis zu reagieren, zeugt von ästhetischer Reife, auch von jener einer ganzen Gruppe. Je mehr Erfahrung in Improvisation vorhanden und je höher die ästhetische Reife aller Mitwirkenden ist, desto höher ist das gemeinsame Verständnis beim interaktiven musikalischen Gestaltungsprozess. Die unterschiedlichen Präferenzen der einzelnen Mitwirkenden lassen sich vielleicht sogar gewinnbringend in

113 Kirchner, Friedrich & Michaëlis, Curt (1907): Wörterbuch der Philosophischen Grundbegriffe. Ästhetik (gr. von *aisthêtos* = sinnlich wahrnehmbar, gebildet) heißt zunächst die Lehre von der *Sinneserkenntnis.* In dieser *ursprünglichen Bedeutung* braucht Kant (1724–1804) das Wort in seiner *Kritik der reinen Vernunft* (1781), die aus der Aufgabe erwachsen war, die Grenzen der Sinnlichkeit und des Verstandes zu bestimmen (abgefragt von http://www.zeno.org/Kirchner-Michaelis–1907/A/Ästhetik [4.7.2019]).

die Dynamik eines Gruppenprozesses einbringen, gerade wenn bewusst damit umgegangen wird. So bildet sich im besten Fall sogar eine ästhetische Gruppenposition heraus, die durch Offenheit geprägt ist.[114]

Ein solcher, gesamthaft gut gelungener Gruppenprozess trägt zur ästhetischen Reifung bei. Hierzu gehört eigentlich alles, was sich bei der Arbeit in einer Gruppe ereignet, angefangen bei der motivierten, offenen Bereitschaft der Mitwirkenden bis zu einer guten, für die Gruppe optimal ausgerichtete Balance von lustvollem Spiel, anregenden Ansagen, interessanten Übungen und engagierten Reflexionsgesprächen. Dabei können auch konkrete Musikbeispiele helfen, möglichst solche, bei denen die Mitwirkenden ästhetisch «andocken» können. Manchmal ist es aber auch notwendig, sie damit gleichsam vor den Kopf zu stoßen. Das sind entscheidende Momente im Reifungs- und Öffnungsprozess.[115]

Zufall, Beliebigkeit und Präzision

Oft erleben, empfinden und beschreiben Studierende, die sich primär mit traditionell komponierter Musik und deren Interpretation befassen, das Zusammenspiel in einer nicht geplanten Gruppenimprovisation als «zufällig» – was dazu führt, dass sie im Moment nicht adäquat darauf reagieren können. Das kann mit einer eher atmosphärischen und rhythmisch wenig scharf umrissenen Musik zu tun haben, mit idiomatisch gebundenen Vorstellungen und Erwartungen, aber auch mit Erzählweisen und Prägungen, denen in der Freien Improvisation mit einer Offenheit begegnet

---

114 Friedemann (1973): «Die Beobachtung von Kindern lässt Entfaltung der Persönlichkeit in folgenden Richtungen erkennen:
Von der Bezogenheit auf sich selbst zur Kommunikation und Reaktion auf die Partner,
von der Nachahmung zur Selbständigkeit, zur Initiative und zum bewussten «Gegenspielen»,
von der spontanen und rohen Vitalitätsäußerung zu Gestaltung und Differenzierung,
von der ganzheitlichen Darstellung zu assoziativen Gestaltungsinhalten und zur Abstraktion (z.B. zu «absoluter» Musik), vom unbewussten zum bewussten Erkennen und Tun,
vom Wahrnehmen des Gesamteindrucks zum Erfassen von Einzelheiten (vom Ungefähren zum Genauen),
vom «Leben im Augenblick» zur Einbeziehung von Vergangenheit und Zukunft,
von Gestaltung in zuständlicher Form (als ungefähre Wiederholungen) zur Gestaltung von Entwicklungsformen.»
Ähnliche Entwicklungen können bei Studierenden beobachtet werden, die zum ersten Mal mit Freier Improvisation in Berührung kommen. Dazu schreibt Friedemann weiter: «Was zunächst als Weg betrachtet wurde, auf dem man das Alte verlässt, indem man das Neue betritt, erweist sich in Wirklichkeit als ein Wachstum nach allen Seiten hin, wobei nichts verloren geht, aber vieles infolge von Überlagerungen im Verborgenen weiterlebt, um bei passender Gelegenheit wieder als etwas Unentbehrliches zum Vorschein zu kommen.» (Friedemann [1973], S. 4)

115 Vgl. Kapitel «Musikalische Aspekte/Stil/Repertoire» und «.../Stilistische Offenheit».

werden muss.[116] Manchmal hängt es aber schlicht mit der Hör- und Spielhaltung zusammen. Der Eindruck von Präzision ergibt sich nicht unbedingt aus einer Schärfe bzw. einer kollektiven Übereinstimmung der musikalischen Formulierung, sondern entsteht vielmehr aus einer «zwingenden»[117] Übereinstimmung von Spielhaltung und Klangergebnis.[118] In der Reflexion ist es deshalb interessant herauszuschälen, aus welchem Zusammenhang – zufällig oder beabsichtigt – sich ein Klangereignis ergibt. Nur dann sind wir fähig, Zufälligkeit nicht als Beliebigkeit, sondern als unausweichliche, ja unerbittlich sich einstellende Möglichkeit, als eine allen Bedingungen entsprechende, höchst präzise musikalische Gestalt zu betrachten. Hier sei ein Zitat aus dem Roman *Ohio* von Ruth Schweikert angefügt, in dem der Begriff «Zufall» auf unübliche Weise verwendet wird: «Es gibt nichts Präziseres als den Zufall, wobei jetzt die Frage gilt, welche Aufmerksamkeit wir ihm schenken und welche Bedeutung wir ihm beimessen.»[119] Indem man den Zufall als etwas präzis Gegebenes entgegennimmt, lässt sich auch mit dem sogenannten «kreativen Fehler» umgehen.[120] Je weniger man sich umgekehrt mit einem Spielgeschehen unmittelbar

---

116 «Improvisieren ist der schöpferische Umgang mit nicht festgelegter, potenziell ins Unvorherhörbare sich entwickelnder Musik. Das Entstehen und Auftauchen musikalischer Strukturen ist kein willkürliches, beliebiges oder zufälliges Geschehen. Improvisierende schaffen aufeinander reagierend, miteinander kooperierend musikalische Strukturen in einem System gegenseitiger Wahrnehmung, Akzeptanz und Achtsamkeit und auf der Basis ihrer jeweiligen Kompetenzen, Fähigkeiten und Engagements.» (Gagel [2019], S. 194)

117 «Nicht vorhersehbar, aber unausweichlich», wie der Autor Jean-Claude Carrière eine gute Geschichte charakterisiert (zitiert nach von Arx, Marlène: *Frame, Mr. Hollywood: Michel Merkt.* http://frame.ch/de/people/interviews/2017/215/michel-merkt/, abgefragt am 4.7.2019).

118 Wir begegnen hier Kairos, der griechischen Gottheit des günstigen (Entscheidungs-)Zeitpunkts. Mit Flügeln an den Füßen eilt er vorbei, trägt auf der Stirn eine lange Locke, ist am Hinterkopf jedoch kahl rasiert. Es gilt also, ihn im richtigen Moment am Schopf zu packen, denn danach bekommt man ihn nicht mehr zu fassen. Dem entspricht der Evan Parker zugeschriebene Satz, dass der einzig mögliche Fehler bei einer Freien Improvisation das Verpassen eines Moments («to miss an opportunity») sei. Parker erwähnt dabei, dass ihm dieser zutreffende Satz von Alexander von Schlippenbach in den Mund gelegt wurde, so zum Beispiel an seinem Meisterkurs an der Hochschule der Künste Bern am 8.11.2018.

119 Schweikert, Ruth (2007). *Ohio.* Frankfurt am Main, Fischer Verlag. S. 14.

120 Der Jazzpianist Herbie Hancock erzählt in einem Vortrag an der Harvard University über einen außergewöhnlichen Moment während eines Konzerts des Miles Davis Quintets in Stockholm 1967: «Mr. Hancock recounted, for example, one extraordinary moment in Stockholm in 1967, during a performance by the [Miles Davis] quintet. «This night was magical,» he remembered. «We were communicating almost telepathically, playing *So What*»—one of the group's signature pieces. «Wayne [Shorter] had taken his solo. Miles was playing and building and building, and then I played the wrong chord. It was so, so wrong. In an instant, time stood still and I felt totally shattered. Miles took a breath. And then he played this phrase that made my chord right. It didn't seem possible. I still don't know how he did it. But Miles hadn't heard it as a wrong chord—he took it as an unexpected chord. He didn't judge what I played. To use a Buddhist turn of phrase, he turned poison into medicine» (vgl. https://www.youtube.com/watch?v=awboZv5IiTE, letzter Zugriff am 4.7.2019). – «Diese Nacht war magisch, wir kommunizierten fast auf telepathischer Ebene und spielten eines unserer bekanntesten Stücke «So What». Wayne Shorter spielte sein Solo. Danach spielte Miles, immer mehr aufbauend, und dann spielte ich einen falschen Akkord. Er war so, so falsch. In dem Moment stand die Zeit still und ich fühlte mich am Boden zerstört. Miles holte Luft. Und dann spielte er diese Phrase, die meinen Akkord richtig machte. Es schien unmöglich. Bis heute weiß ich nicht, wie er das gemacht hat. Aber Miles hörte es nicht

identifizieren kann, desto mehr beurteilt man das Zusammenwirken von Klängen als unpräzis und zufällig bzw. umgekehrt. Die Auseinandersetzung mit dem Zufall ist also eine Frage der Haltung. Es ist jenes Moment, das Cornelius Cardew einst in seinem Essay *Towards an Ethic of Improvisation* als eine Tugend (Virtue) beschrieb, nämlich «Acceptance of Death» («Akzeptanz des Todes»).[121]

Archetypisches Potenzial

Bei der Arbeit mit Studierenden einer Musikhochschule ist die Bezugnahme zu sogenannten «musikalischen Archetypen» äußerst wertvoll. Studierende sind oft überrascht, wie schnell sie beurteilen können, ob ihnen eine Improvisation gefallen hat oder warum sie diese als gelungen bezeichnen. Sie sind überrascht, dass – trotz unterschiedlicher Erfahrung und unterschiedlichen Musikpräferenzen – Stücke oft ähnlich beurteilt werden. Um diesen kollektiven Übereinstimmungen auf die Spur zu kommen, ist die Analyse des Gespielten aufgrund von archetypischen Tendenzen hilfreich. Solche Archetypen,[122] die oft kulturell verinnerlicht sind und daher meist unmittelbar verstanden werden, sind beispielsweise die Koppelung von Verdichtung und dynamischer Steigerung, die dynamische Balance bei komplexen Klangbildern oder die Tendenz zu Phrasierung bei der melodischen Gestaltung. Auch akustische Phänomene aus der Natur (Echo, Dopplereffekt, morendo) gehören hierher. Musikalische Archetypen sind nicht die einzigen Gründe eines kollektiven Beurteilungsmaßstabs, doch erscheinen sie bedeutungsvoller als angenommen. Je nach eigener Erfahrung und persönlichem Geschmack, aber auch nach dem Charakter tendiert man mehr zu diesem oder jenem Archetyp. Auch hier ist es ein Zeugnis ästhetischer Reife, wie ein Individuum oder eine Gruppe mit solchen Archetypen umgehen. Sie ganz vermeiden zu wollen, ist sinnlos; sich ihnen ständig hinzugeben, flau.

---

als falschen Akkord – er nahm es als einen unerwarteten Akkord. Er verurteilte nicht, was ich spielte. Um eine buddhistische Redewendung zu benutzen: Er hat Gift in Medizin verwandelt.» (Übers. von den Autoren)

121 Cardew (1971), S. XX.: «From a certain point of view improvisation ist he highest mode of musical activity, for it is based on the acceptance of music's fatal weakness and essential and most beautiful characteristic – ist transience.» – «Von einem bestimmten Gesichtspunkt aus ist Improvisation die höchste Art musikalischer Aktivität, denn sie beruht auf dem Akzeptieren jener tödlichen Schwäche der Musik, jenem wesentlichen und schönsten ihrer Merkmale: ihrer Vergänglichkeit.» (Übersetzung zitiert nach Wilson [1999], S. 21)

122 Vgl. hierzu die Abschnitte über «archetypische Regulative» in: Walter Fähndrich: Zur Frage des Klischees in der Freien Improvisation (www.musicforspaces.ch, abgefragt am 29.5.19).

Forschung

Reflexion (während und nach dem Spiel) dient nicht nur der Verbesserung der musikalischen und interaktiven Resultate, sondern ist selber ein hochspannender Prozess, in den man eintauchen kann. Man kann die Spielpraxis und die damit verbundene Reflexion sogar als eigentliche Forschungsarbeit bezeichnen: Nicht nur entdeckt man dabei eine Fülle von neuen Spieltechniken, Klängen und Geräuschen, nicht nur erlebt man unterschiedliche Weisen des spontanen, augenblicklichen Aufeinander Reagierens; nicht nur lassen sich diese unterschiedlichen Entdeckungen und Erlebnisse miteinander – und auch mit anderer Musik – vergleichen. Forschung gehört nicht nur zur Vermittlung, sondern auch zum oft mehrjährigen Arbeitsprozess sogenannter «Working Bands», Ensembles also, die über eine längere Zeit in einer festen Besetzung zusammenarbeiten. Das offene Erforschen im Sinn einer reflektierten und sich dabei selber verbessernden Praxis, der Austausch darüber und allenfalls auch das Formulieren von Erkenntnissen, kurz die unablässige Prozesshaftigkeit ist, da nichts durch eine umfassenden Theorie vorfixiert werden kann, ein wesentlicher Zug der Freien Improvisation. Und diese Prozesshaftigkeit wird darüber hinaus zu einer Grundhaltung, die sich auf weitere Hochschuldisziplinen niederschlagen sollte.

Aus diesen Gründen allein (neben den vielen anderen bereits erwähnten) ist Freie Improvisation nicht mehr aus einem Musikhochschulalltag wegzudenken. Denn sie fördert nicht die Hinwendung zum Erstarrten, Zu-Konservierenden, sondern vielmehr hin zur Öffnung. Längst wieder gehört Improvisation (so wie es in früheren Jahrhunderten, aber auch in anderen Kulturen stets üblich war) in alle Fachbereiche wie Instrumentalunterricht oder Stilkunde, aber sie wäre auch an Orten wie der Musikgeschichte oder der Forschung zentral, als ein Erkunden und Entdecken von Freiheiten und Möglichkeiten.

NACHWORT

Was passiert mit Studierenden an einer Musikhochschule, die sich über mindestens ein Semester mit der Freien Improvisation auseinandersetzen? Aus den Feedbacks der Teilnehmenden lassen sich immer wieder folgende zentrale Punkte herausdestillieren: Auch wenn der Anfang oft als schwierig erachtet wird, ist ein individueller Fortschritt unverkennbar. Insbesondere herausgehoben wird ein erweiterter Bezug zum eigenen Instrument, die Schulung der Wahrnehmung und der Interaktion, das Kennenlernen neuer Klänge und Ästhetiken, was häufig auch einen Bezug zu neuer komponierter Musik oder anderen Kunstsparten herstellt, sowie die Fähigkeit, in ungewöhnlicher kammermusikalischer Besetzung über Genregrenzen hinweg mit anderen Studierenden Musik zu machen. Oft sind die musikalischen Ergebnisse nach einem halben Jahr bereits erstaunlich gut. Das Ziel des Kurses ist es aber nicht, alle Mitwirkenden freie Improvisator*innen werden zu lassen, vielfach ist der spätere Weg ein anderer. Es geht jedoch darum, Türen zu öffnen, Methoden zu vermitteln, wie Musik generiert werden kann, Kreativität und Flexibilität als Übung zur Berufspraxis zu schulen. Darüber hinaus wird in der Reflexion die Fähigkeit geübt, inhaltlich über Musik nachzudenken, Kritik zu formulieren und auch anzunehmen. Dies alles ist als Prozess äußerst wertvoll für alle, die sich vertieft mit Musik auseinandersetzen wollen und den Musiker*innen-Beruf als ihren Lebensweg wählen.

Wir haben in dieser Publikation versucht plausibel zu machen, wie und insbesondere mit welchen Mitteln/Methoden und praktischen Übungen sich der Umgang mit Freier Improvisation als Methode jenseits jeder stilistischer Einschränkung positiv auf jede individuelle musikalische Entwicklung auswirken kann. Die Auseinandersetzung mit grundlegenden Fragen, die andernorts im Musikhochschulstudium eher zu kurz kommen, führt zu sehr komplexen Fragestellungen, die in relevanter Weise mit der Positionierung von Kunst und Kultur in der modernen Welt und Gesellschaft zusammengehen. «Kultur [ist] Quelle unserer Humanität und Fundament unserer Zukunft, die es energisch zu fördern und allseits zu praktizieren gilt»[123]. Gesellschaftliche Veränderungen verlangen also nach einer dauernden Auseinandersetzung, an denen sich auch Musiker*innen beteiligen können. Freie Improvisation als Gestus, als Herangehensweise und auch aus ihrer historischen Entstehung heraus ist subversiv im Kern und bildet Fähigkeiten aus wie Flexibilität, Kreativität, Anpassungsfähigkeit und Eigenständigkeit. Sie kann somit Möglichkeiten aufzeigen,

---

123 Von Weizsäcker, Richard (1994). *Abschiedsrede von Bundespräsident a.D. Dr. Richard von Weizsäcker vor der Bundesversammlung in Berlin.* Abgefragt von: http://www.bundespraesident.de/SharedDocs/Reden/DE/Richard-von-Weizsaecker/Reden/1994/07/19940701_Rede2.html (4.7.2019).

wie mit ständig sich wandelnden Herausforderungen umgegangen werden kann: Auf der Bühne, im Unterricht, in sozialen Projekten und im Leben ganz allgemein.

Urban Mäder, Thomas Meyer, Marc Unternährer

ANHANG

Ein klitzekleines Glossar zur Freien Improvisation

Die hier zusammengetragenen Begriffe aus unserem Buch werden in der Musikwissenschaft, im Alltagsgebrauch oder in anderen geistigen und kulturellen Zusammenhängen unterschiedlich verwendet. Es geht hier nicht um eine abschließende Begriffsdefinition, sondern um eine knappe Darlegung, wie wir sie in unserer Arbeit verwenden.

Ästhetik: «Die Ethik ist die Ästhetik des Innern.» (Pierre Reverdy) Es gibt in der Freien Improvisation keine vorgegebene ästhetische Ausrichtung, diese ergibt sich vielmehr aus der interaktiven, musikalischen und reflexiven Auseinandersetzung untereinander.

Ansage: Eine Vorbereitung zur Gruppenimprovisation, die das Prinzip Freie Improvisation nur minimal tangiert. Sie hilft bei der Wahrnehmung und Beobachtung oder gibt einen Impuls zur Spielhaltung.

Archetyp(us): Musikalisches Ereignis, das über alle Epochen und Stile hinweg in immer ähnlicher Form erscheint und insofern im weitesten Sinne einem Wesenszug von menschlichem Ausdruck entspricht (Echo, morendo, Kopplung von Verdichtung und Lautstärke).

Dichte: Das Nebeneinander (und unmittelbare Nacheinander) von musikalischen Ereignissen in einem bestimmten Zeitraum.

Form: Ist nicht vorgegeben, sondern entsteht während der Improvisation. Sie kann sich bekannten Formmodellen annähern, kann aber auch völlig unabhängig davon verlaufen.

Freiheit: «Freiheit, die ich meine, die mein Herz erfüllt» (Max von Schenkendorf); «Freiheit ist immer Freiheit der Andersdenkenden» (Rosa Luxemburg). Der grundlegende, aber auch problematischste Begriff der Freien Improvisation. Die Freiheit besteht unter anderem darin, dass jede*r Mitspielende die musikalische Richtung in jedem Moment beeinflussen kann.

Funktion: Typische Aufgaben beim Ensemblespiel wie Begleiten, Solieren, Vorbereiten, Unterstützen, Stören, Ergänzen, etc.

Gestalt: Bezeichnet die äußere Form, den Umriss, die Erscheinung einer musikalischen Phrase.

Geste: Geräusche oder Töne in einer Abfolge, die ähnlich wie eine Körpergeste geformt ist.

Homogen/heterogen: Die beiden Begriffe stehen für den Gegensatz zwischen der gleichartigen oder der kontrastierenden Spielweise im Kollektiv.

Idiom: Stammt aus dem Kontext der Sprache und meint die gewachsenen Eigentümlichkeiten einer (kollektiven) Ausdrucksweise.

Kommunikation: Interaktiver Austausch bzw. Übertragung von musikalischen Informationen.

Klischee: Spielweise oder Ausdrucksformel, die im Kontext eines bestimmten Musikstils oder auch von improvisierter Musik oft verwendet und als solche erkannt wird.

Konzept: Ähnlich wie die Übung regelt auch ein Konzept die Gestalt einer Musik, wobei dieses stärker darauf abzielt, ein ganzes Stück auszuformen. Ist zu üben.

Material: Gemeint ist ein Ton, ein Geräusch, ein Motiv oder eine Spielgeste, weitgehend noch ungestaltet.

Parameter: Tonhöhe, Tondauer, Lautstärke, Artikulation, Klangfarbe, Positionierung im Raum. «Alle Dimensionen des musikalischen Verlaufs, die sich isoliert verändern lassen.» (Dibelius [1966], S. 337f.)

Phrase: Eine Gestaltungseinheit, die sowohl in herkömmlichen Bereichen und Stilen als auch in der Improvisation für die Formbildung bedeutsam ist.

Stil: Charakteristisch geprägte musikalische Spielweise, die sich auf eine traditionelle musikalische Kultur bezieht

Strategie/Taktik: Strategien dienen in einer Freien Improvisation dazu, bestimmte Spielweisen und Interaktionsformen zu fördern bzw. zu vermeiden oder musikalische Verläufe anzustreben. Dabei können unterschiedliche Strategien der Mitspielenden in Konflikt geraten. Taktiken können im Dienst solcher Strategien stehen oder sie subversiv unterwandern und bezeichnen kurzfristigere Intentionen wie «stören», «unterstützen», «solieren», «aussetzen», etc.

Syntax: Ein Regelsystem, das sich auf bestehende musikalische Formen beziehen kann, in der Regel jedoch mitimprovisiert wird.

Textur: Ein in sich bewegliches, mehr oder weniger einheitliches, nicht streng strukturiertes Klanggefüge.

Übung: Hier wird auf einen bestimmten Aspekt oder Parameter des Gestaltens fokussiert. Eine Übung beschreibt eine Spielregel, welche einerseits eine Einschränkung des Spielraums bedeutet, gleichzeitig aber die präzise Beobachtung bestimmter musikalischer Gestaltungmittel ermöglicht.

Vermittlung: von Freier Improvisation im Rahmen der Hochschulausbildung heißt: Kurse für diese Musikform einzurichten respektive Raum dafür zu schaffen, um in prozessorientierter Form kreativ daran zu arbeiten und zu forschen, zu handeln, zu interagieren und zu reflektieren. Dabei werden vielerlei weitere Fähigkeiten, Fertigkeiten und Kenntnisse mitgegeben bzw. erworben.

Vokabular: Persönliche Ausprägung des Materials bzw. des aktiv oder passiv verfügbaren Materialvorrats.

Bibliographie

Adorno, Theodor W. (1956). *Fragment über Musik und Sprache.* In Ders.: *Quasi una fantasia. Musikalische Schriften II* (GS 16).

Bailey, Derek (1987). *Musikalische Improvisation: Kunst ohne Werk*, aus dem Englischen übersetzt von Hermann J. Metzler und Alexander von Schlippenbach, Hofheim: Wolke (Original: Improvisation: Its Nature and Practice, 1980).

Bartel, Dietrich (2017). *Handbuch der musikalischen Figurenlehre.* Laaber: Laaber Verlag.

Bauer, Christopher (2012). *Brötzmann – Gespräche.* Berlin: Posth Verlag.

Beck-Neckermann, Johannes (2011). *Musik wird Sprache – Musikalisch-sprachliche Aktivität bei Kindern bis Drei.* München: Verlag Deutsches Jugendinstitut.

Bergstrøm-Nielsen, Carl und Weymann, Eckhard (Hg.) (2001). *Vermittlungen… musically speaking: zum Improvisationsunterricht im Musiktherapiestudium*, Berlin: Berufsverband der Musiktherapeutinnen und Musiktherapeuten in Deutschland (Volltext unter www.intuitivemusic.dk/intuitive/vermittlungen/dkversion/00_inhalt.html. Abgefragt am 28.2. 2010)

Bergstrøm-Nielsen, Carl (2006). *Sound is multi-dimensional. Parameter analysis as a tool for creative music making.* Abgefragt von http://vbn.aau.dk/research/sound_is_multidimensional%285365940%29/?AnonymousLoginFilter_language=sec, http://vbn.aau.dk/fbspretrieve/12698866/SIMD.pdf. (28.2.2010)

Bresgen, Cesar (1983). *Die Improvisation in der Musik.* Wilhelmshaven: Heinrichhofen Verlag.

Brinkmann, Reinhold (Hg.) (1979). *Improvisation und Neue Musik.* Mainz: Schott.

Broecking, Christian (2016). *Dieses unbändige Gefühl der Freiheit. Irène Schweizer – Jazz, Avantgarde, Politik.* Berlin: Broecking Verlag.

Brötzmann, Peter (2014). *We Thought We Could Change The World, Conversations with Gerard Rouy.* Hofheim: Wolke Verlag.

Buholzer, Meinrad (2018). *Always a Pleasure, Begegnungen mit Cecil Taylor.* Ebikon: Eigenverlag.

Cage, John (1961). *Silence: Lectures and Writings.* Hanover, NH: Wesleyan University Press.

Cardew, Cornelius (1963-67). *Treatise.* London: Edition Peters.

Cardew, Cornelius (1971). *Treatise Handbook.* London: Edition Peters.
(Ebenso in: Prévost (2006), S. 125–133. Und auf: http://www.ubu.com/papers/cardew_ethics.html

Case, Edwin H., Lewis, George E. und Piekut, Benjamin (Hg.) (2016). *The Oxford Handbook of Critical Improvisation Studies* (Oxford Handbooks, Vol. 2). Oxford: Oxford University Press.

Corbett, John (2016). *A Listener's Guide to Free Improvisation.* Chicago and London: The University of Chicago Press.

Dahlhaus, Carl (1978). *Komposition und Improvisation, Schönberg und andere. Gesammelte Aufsätze zur Neuen Musik.* Schott: Mainz.

Dibelius, Ulrich (1966). *Moderne Musik 1945–1965.* München: Piper.

Fähndrich, Walter (1992, 1994, 1998, 2001, 2003, 2007). *Improvisation I-VI*, Winterthur: Amadeus.

Fähndrich, Walter (2009). *Master of Arts spezialisierte Performance Improvisation*, in: Studienverzeichnis', Basel: Hochschule für Musik Basel.

Fähndrich, Walter. *Zur Frage des Klischees in der Freien Improvisation.* Abgefragt von www.musicforspaces.ch (29.5.2019)

Feisst, Sabine (1997). *Der Begriff ,Improvisation' in der neuen Musik* (Berliner Musik Studien 14). Sinzig: Studio (Diss. Freie Universität Berlin, 1995).

Ferand, Ernest Thomas (1938). *Improvisation in der Musik: eine entwicklungsgeschichtliche und psychologische Untersuchung.* Zürich: Rhein-Verlag, 1938.

Fewell, Garrison (2014). *Outside Music, Inside Voices – Dialogues on Improvisation and the Spirit of Creative Music.* Somerville MA: Saturn University Press.

Figueroa-Dreher, Silvana K. (2008). *Musikalisches Improvisieren: die phänomenologische Handlungstheorie auf dem Prüfstand.* In Dreher, Jochen, Pfadenhauer, Michaela, Raab, Jürgen, Schnettler, Bernt und Stegmaier, Peter (Hg.). *Phänomenologie und Soziologie: Theoretische Positionen, aktuelle Problemfelder und empirische Umsetzungen.* Wiesbaden: VS-Verlag, S. 389–399.

Figueroa-Dreher, Silvana K. (2015). I*mprovisieren: Material, Interaktion, Haltung und Musik aus soziologischer Perspektive* Wiesbaden: Springer.

Friedemann, Lilli (1969). *Kollektivimprovisation als Studium und Gestaltung Neuer Musik.* Wien: Universal Edition.

Friedemann, Lilli (1973). *Einstiege in Neue Klangbereiche durch Gruppenimprovisation.* Wien: Universal Edition.

Fritsch, Johannes (1997). *Improvisation und Ekstase.* In Barthelmes, Barbara und Fritsch, Johannes, *Improvisation – Performance – Szene.* Mainz: Schott.

Gagel, Reinhard und Rüdiger, Wolfgang (2006). *Ensembleleitung Neue Kammermusik: ein Lehrgang in vier Phasen.* In *Ringgespräch über Gruppenimprovisation* 71 (Themenschwerpunkt: Hören), S. 37–44.

Gagel, Reinhard (2010). *Improvisation als soziale Kunst.* Mainz: Schott Music.

Gagel, Reinhard und Matthias Schwabe (2016). *Improvisation erforschen – improvisierend forschen: Beiträge zur Exploration musikalischer Improvisation.* Bielefeld: transcript.

Geuen, Heinz und Sons, Walter (1997). *Kollektivkomposition und Gruppenimprovisation im Klassenverband: ein Praxisbericht.* In Musik & Bildung 6, S. 58.

Gieseler, Walter (1975). *Komposition im 20. Jahrhundert.* Celle: Moeck Verlag

Globokar, Vinko (1994). *Einatmen – Ausatmen.* Hofheim: Wolke Verlag.

Heitmann, Matthias (2015). *Zeitgeisterjagd. Auf Safari durch das Dickicht des modernen politischen Denkens.* Jena: TvR Medienverlag.

Hentig, Harmut von (2000). *Kreativität – Hohe Erwartungen an einen schwachen Begriff.* Weinheim und Basel: Beltzverlag.

Hodgkinson, Tim (1998). *Migraines of a Caustic Ear.* In: Resonance, Vol. 6., No. 2.

Hoerburger, Christian (1991). *Kinder erfinden Musikstücke: ein Beitrag zur musikpädagogischen Unterrichtsforschung.* Essen: Blaue Eule.

Jörgensmann, Theo und Weyer, Rolf-Dieter (1991). *Kleine Ethik der Improvisation.* Wuppertal: Neue Organisation Musik.

Kapteina, Hartmut (1988), Dimensionen der Gruppenimprovisation. In *Musik und Kommunikation.* Seevetal, S. 73–94.

Kurt, Ronald und Näumann, Klaus (2008). *Menschliches Handeln als Improvisation.* Bielefeld: transkript.

Leimgruber, Urs, Demierre, Jacques, Phillips, Barre (2016). *Listening.* Nantes: Lenka Lente.

Mäder, Urban (2016). *Freie Improvisation als Herausforderung.* In: Gagel und Schwabe (2016), S. 31–63.

Meyer, Thomas (2017). *Ohne feste Regeln. Zur Improvisation an der Musikhochschule in Basel.* In: dissonance 139, Sept. 2017, S. 7–14.

Morris, Joe (2012). *Perpetual Frontier – The Properties Of Free Music.* Riti Publishing: Stony Creek CT.

Müller, Hermann-Christoph (1994). *Zur Theorie und Praxis indeterminierter Musik: Aufführungspraxis zwischen Experiment und Improvisation* (Kölner Beiträge zur Musikforschung 179). Regensburg: Bosse.

Nanz, Dieter (2011). *Aspekte der Freien Improvisation in der Musik.* Hofheim: Wolke.

Noglik, Bert (1992). *Klangspuren: Wege improvisierter Musik.* Frankfurt/M.: Fischer.

Oliveros, Pauline (2005). *Deep Listening: A Composer's Sound Practice.* Universe.

Oliveros, Pauline (1990). *Deep Listening Pieces.* Kingston, NY: Deep Listening Publications.

Oliveros, Pauline. *Pauline Oliveros on Deep Listening.* Interview by Nate Wooley. Sound American, SA7: The Deep Listening Issue. Abgefragt von http://soundamerican.org/sa_archive/sa7/sa7-pauline-oliveros-on-deep-listening.html, (28.4.2018).

Ono, Yoko (1970, Reprint 2000). *Grapefruit.* New York: Simon & Schuster.

Parker, Evan (2018). *De Motu.* Nantes: Lenka Lente.

Parker, William (2007). *Who Owns Music?* Köln: Buddy's Knife Jazzedition.

Peters. Gary (2009), *The Philosophy of Improvisation.* Chicago and London: The University of Chicago Press.

Polaschegg, Nina (2011). *(Frei) improvisierte Musik in der Musikwissenschaft?* In dissonance 113, S. 2.

Polaschegg, Nina (2019). *Freiheit!? – Die Geschichte der sogenannten freien Improvisation.* Radiosendung. Abgerufen von https://www.srf.ch/sendungen/musik-unserer-zeit/freiheit-die-geschichte-der-sogenannten-freien-improvisation (23.7.2019).

Prévost, Eddie (1996). *No sound is Innocent: AMM and the Practice of Self-Invention. Meta-Musical Narratives.* Essays. Copula (Matchless Recordings), UK.

Prévost, Edwin (Eddie) (Hg.) (2006). *Cornelius Cardew. A Reader.* Copula (Matchless Recordings), UK.

Prévost, Eddie (2011). *The First Concert – An Adaptive Appraisal of a Meta Music.* Copula (Matchless Recordings), UK

Rühle, Hermann (2004). *Die Kunst der Improvisation: mit Überraschungskompetenz das Unvorhergesehene meistern…damit es gut geht, wenn es schief geht.* Paderborn: Jungfermann.

Reinle, Jean Pierre (2001). *Your own voice: Ein Kaleidoskop von improvisierter Musik.* Zürich: Chronos.

Rora, Constanze (2001). *Ästhetische Bildung im Musikalischen Gestaltungsspiel.* Augsburg: Wissner.

Rose, Simon (2017). *The Lived Experience of Improvisation: In Music, Learning and Life.* Bristol: Intellect.

Rzewski, Frederic (2000). *Autonomie des Augenblicks. Eine Theorie der Improvisation*; dt. v. Ursula Stiebler; In *MusikTexte* 86/87: Köln.

Saehrendt, Christian (2018). *So viel schlechte Kunst! Aber woran soll man sie erkennen?* In *Neue Zürcher Zeitung*, 10.6.2018, Auch https://www.nzz.ch/feuilleton/so-viel-schlechte-kunst-ld.1392254; (Abgefragt am 24.6. 2019).

Sawyer, R. Keith (2008). Improvisation and Teaching. In *Critical studies in improvisation 3.2*, S. 1-4. Abgefragt von www.criticalimprov.com (28.2. 2010).

Schafer, R. Murray (1971). *Schöpferisches Musizieren* (aus dem Englischen von Friedrich Saathen). Wien: Universal Edition

Schlicht, Ursel (2008). *'I feel my true colors began to show': Designing and teaching a course on improvisation.* In *Critical studies in improvisation 3.2*, S. 1–17. Abgefragt von www.criticalimprov.com (28.2. 2010)

Schneider, Urs Peter (2016). *Konzeptuelle Musik. Eine kommentierte Anthologie.* Bern: aart verlag.

Schwabe, Matthias (1999). *Kompetenz durch Kreativität: Chancen musikalischer Gruppenimprovisation.* In *Üben & Musizieren* 2, S. 8.

Siron, Jacques (2008). *La Partition Intérieure.* Paris, Éditions Outre Mesure.

Smith, Leo (1973, reprint 2015). *Notes (8 Pieces) Source a New World Music : Creative Music.* Chicago, Corbett vs. Dempsey.

Spahlinger, Mathias (1993). *Vorschläge – Konzepte zur Ver(über)flüssigung der Funktion des Komponisten.* Wien: Universal Edition No. 20070.

Stockhausen, Karlheinz (1968). *Aus den Sieben Tagen.* Wien: Universal Edition.

Stryi, Wolfgang (2000). *Interview mit Mathias Spahlinger zum Thema Improvisation.* In *Ensemble Modern Newsletter.*

Stumme, Wolfgang (1973). *Über Improvisation* (Bausteine für Musikerziehung und Musikpflege). Mainz: Schott.

Toop, David (2016). *Into the Maelstrom: Music, Improvisation and the Dream of Freedom.* New York: Bloomsbury.

Villavicencio, Cesar Marino (2008). *The discourse of free improvisation: a rhetorical perspective on free improvised music.* PhD School of Music, University of East Anglia, Norwich, UK. Abgefragt von http://cevill.com/phdcesar (28.2.2010)

Watson, Ben (2004). *Derek Bailey and the Story of Free Improvisation.* London: Verso.

Wilson, Peter Niklas (1999). *Hear and Now: Gedanken zur improvisierten Musik.* Hofheim: Wolke Verlag.

Wolff, Christian (1998). *Cues, Writings and Conversation / Hinweise, Schriften und Gespräche.* Köln: Edition MusikTexte.

Wolff, Christian (1969-85). *Prose Collection.* Lebanon, NH: Frog Peak Music.

Wooley, Nate (2017). *The Complete Syllables Music* (CD). Brooklyn NY: Pleasure of the Text Records.

Wright, Jack (2017). *The Free Musics.* Spring Garden Music Editions.

Wright, Ruth und Kanellopoulos, Panagiotis (2010). *Informal music learning, improvisation and teacher education.* In *British journal of music education* 27, S. 71–87.

Dank

Unser Dank gilt zunächst Susanne Abbuehl, der neuen Abteilungsleiterin Jazz und Volksmusik, und Nina Polaschegg für ihre unterstützenden und bereichernden Worte.

Weiter danken wir herzlich Anja Nora Schulthess, Kulturwissenschaftlerin und Autorin, für das differenzierte und hilfreiche Lektorat und Bruno Frischherz, Kommunikationswissenschaftler, Dozent an der Hochschule Luzern – Wirtschaft, für die wertvolle Außensicht.

Entscheidend für die Arbeit war die Unterstützung der Hochschulleitung HSLU – Musik, insbesondere von Thüring Bräm, dem früheren Direktor, und Hämi Hämmerli, dem Institutsleiter Jazz und Volksmusik, welche die Freie Improvisation über all die Jahre ihres Wirkens stark förderten, sowie von Marc-Antoine Camp von Seiten der Forschungsabteilung.

Undenkbar wäre sie schlicht ohne die Mitwirkung all der Studierenden der Hochschule Luzern – Musik, die seit Jahrzehnten im Zentrum des Wirkens standen und uns zur Entwicklung und Etablierung des Angebots Freie Improvisation motivierten. Ihnen gilt also ein ganz besonderer Dank, ebenso unseren Kolleg*innen Christoph Baumann, Thomas K.J. Mejer, Lauren Newton, Dieter Ammann und Christy Doran für die befruchtende und inspirierende Zusammenarbeit. Auch da zeigt es sich nochmals, wie sehr Interaktion, Musik und Reflexion in der Vermittlung zusammenwirken.

Die Autoren

Urban Mäder, geboren 1955, lebt in Luzern. Klavier- und Schulmusikstudium. Professur für Improvisation und Musikdidaktik an der Hochschule Luzern. Improvisation ist in allen Bereichen seiner Vermittlungsarbeit zentraler Fokus. Seine Tätigkeit als Komponist und Improvisator führte zu einem breiten Werkverzeichnis. Klangkunst und raum- oder landschaftsbezogene Performance-Projekte sind ein wichtiger Schaffensschwerpunkt. Er ist Mitbegründer des «Forums Neue Musik Luzern». Er erhielt Werkbeiträge von Stadt und Kanton Luzern, das Paris-Atelier-Stipendium des Kantons Aargau, das Atelier-Stipendium Landis&Gyr in London und ist Kunst- und Kulturpreisträger 2018 der Stadt Luzern. www.urbanmaeder.ch

Thomas Meyer, Musikwissenschaftler (ausgebildet an der Universität Zürich), Musikjournalist (lange tätig unter anderem für den Tages-Anzeiger und Schweizer Radio SRF 2 Kultur), Referent, Dozent an der Volkshochschule Zürich und der Hochschule Luzern. Als Mitglied des Improensembles «VAL 5» (mit Alfred Zimmerlin, Markus Eichenberger, Andres Bosshard, Daniela Zehnder) kontrapunktierte er um 1980 die Theorie mit der Praxis. Das ging vorüber, aber die Improvisation blieb ein wichtiger Fixpunkt: in der Erforschung von Klavierpräludien sowie von frühen und aktuellen Improvisationsweisen, in der kritischen journalistischen Begleitung der Schweizer Impro-Szene und natürlich im turbulenten Alltag eines Freelancers.

Marc Unternährer, geboren 1975, studierte Musik mit Hauptfach Tuba in Luzern. Seither ist er als freischaffender Musiker sehr vielseitig unterwegs. Er pflegt einen intensiven Austausch mit Chicagoer Musiker*innen seit seinem Aufenthalt 2002 im Luzerner Atelier in Chicago. Weitere wichtige Zusammenarbeiten für ihn waren und sind mit Albin Brun, Ruedi Häusermann, Erika Stucky, Barry Guy, Markus Lauterburg, Simon Hari, Matto Kämpf, Gerry Hemingway, Silke Eberhard, Manuel Troller, Hans-Peter Pfammatter, Fred Lonberg-Holm, Josh Berman, Keefe Jackson, Frank Rosaly, Hans Hassler, Julian Sartorius, Miriam Sturzenegger, Sebastian Strinning und vielen anderen mehr; nicht wenige davon sind auf Tonträgern dokumentiert. Der Mullbau, ein Raum für improvisierte Musik, den er mitinitiierte, erhielt einen Luzerner Werkbeitrag sowie den «Junge Ohren-Preis» für die Kinderkonzert Reihe. Es folgten 2014 der Luzerner Werkbeitrag und ein Aufenthalt im Innerschweizer Atelier in Berlin. Seit 2015 ist er Programmleiter der Stanser Musiktage und unterrichtet an der HSLU – Musik sowie der Hochschule der Künste Bern. www.munter.li